INTERROGATIONS SUSPENDUES

Enjamber la philosophie, Épouser la sagesse

Cahier n° 1

Syénten

INTERROGATIONS SUSPENDUES

Enjamber la philosophie, Épouser la sagesse

Cahier n° 1

Interrogations suspendues – cahier 1

© 2021 Syénten

Éditeur : BoD-Books on Demand
12-14 rond-point des Champs-Élysées, 75008 Paris
Impression : Books on Demand, Norderstedt, Allemagne

Illustration : ©Pilcox – détail ISSUE 2020

Blog : https://syenten.blog/

ISBN : 978-2-3222-5050-9
Dépôt légal : mai 2021

Sommaire

Introduction...11

    L'idée du cahier..15

    Conseils de lecture...22

Investigations...29

    Le karma...30

    ◦ Moment naissant au bord du large..................41

    Méprise, illusion et croyance................................44

    ◦ Moment 2..51

    Les concepts..53

    ◦ Moment 3..64

    Le moi...66

    ◦ Moment 4..88

    La réalité..90

    ◦ Moment 5..110

    L'auteur..113

    ◦ Moment 6..123

    Le groupe...125

    ◦ Moment 7..146

La liberté	149
◦ Moment 8	160
Le temps	162
◦ Moment 9	172
L'instant	174
◦ Moment 10	181
L'espace	183
◦ Moment 11	189
Les pensées	192
◦ Moment 12	205
Les limites de la raison	207
◦ Moment 13	218
Les afflictions	220
◦ Moment 14	230
Le corps	232
◦ Moment 15	241
Les phénomènes extérieurs	243
◦ Moment 16	253
Lexique	255

Sources 269
Aux lecteurs 271

Introduction

Dans la recherche d'un bien-être qui ne soit plus à la merci des situations, il arrive un moment où il devient nécessaire de dépasser nos opinions philosophiques. L'impasse devant laquelle nous nous trouvons nous oblige à nous engager dans une intériorité directe, par delà les mécanismes conceptuels.

Ce cahier de réflexions s'adresse aux personnes en quête de bien-être dans la vie de tous les jours, ainsi qu'à celles qui souhaitent une transformation plus profonde, par la compréhension et la connaissance, capable de conduire à une vie libre d'illusions. Il convient également à celles que la dépendance ou l'agitation intellectuelles empêche de s'engager directement dans la fluidité lumineuse de la méditation.

Le travail sur nos opinions et nos croyances, indispensable dans une voie de sagesse, s'avère également précieux lorsque les éléments extérieurs qui participent à leur fabrication incluent bon nombre de manipulations et de mensonges.

Pour rester libre, il est nécessaire d'être vigilant et de prendre du recul par rapport aux diverses propagandes. La manipulation puise son efficacité dans une utilisation perverse des concepts, et une liberté par rapport à leur emprise est un atout pour conserver une indépendance d'esprit. Puisse ce cahier apporter une aide même modeste pour passer du mode « croyance » au mode « discernement » et permettre ainsi de devenir davantage ce que nous sommes plutôt que de nous soumettre à ce que l'on nous contraint d'être. Il permet à chacun de trouver un point de repère au-delà des tricotages intellectuels et de l'instillation de peurs. La méthode utilisée dans ce cahier consiste simplement à supprimer le venin des concepts.

Cependant, ce serait une erreur de penser que nous interrogeons ici la politique ou le social quand le véritable enjeu est l'intériorité, la vie du dedans, cet élan indicible nous poussant à dépasser les contingences artificielles qui nous happent de l'extérieur pour s'asseoir un moment sur un coussin de transparence, de lumière et de bienveillance. Le monde est ce qu'il est, c'est l'environnement d'aujourd'hui, un ensemble de contraintes qui, si elles sont traitées intérieurement avec en point de mire la sagesse, peuvent nous libérer de nos afflictions, illusions et souffrances. L'objectif est de pouvoir utiliser les concepts dans la vie quotidienne sans être contaminé par son venin ni devenir son esclave.

Au lieu de traiter uniquement le bien-être temporaire, ces pages proposent une préparation compatible avec les entraînements qui mènent au bien-être durable, et pour ce faire tirent profit de méthodes de transformation d'une école de sagesse très ancienne.

Ce cahier est un plaidoyer pour un dépassement de notre philosophie personnelle, de cette croyance qu'une connaissance profonde, universelle et transformatrice pourrait découler d'un jeu de concepts. Dans les sociétés modernes soumises à la logorrhée cacophonique des opinions, il manque souvent la prescience qu'il puisse exister quelque chose de plus profond, de plus signifiant et de plus fertile que des bavardages intellectuels pour se connaître et connaître sa relation au monde. Les opinions, même les plus futées, ne permettent pas d'atteindre la sagesse.

En déconstruisant les illusions, ce cahier essaie de placer le lecteur en ce moment privilégié où ses certitudes, en perdant un peu de leur solidité et de leur arrogance, laissent un champ libre pour aborder la perception beaucoup plus vaste dissimulée au-dessus des savoirs.

Plus que de l'intelligence, la lecture de ce texte demande une grande honnêteté vis-à-vis de soi-même. Les thèmes abordés sont le karma, l'illusion, les concepts, le moi, la réalité, l'auteur, la société, la liberté, le temps, l'espace, les pensées, la raison, les afflictions, le corps, les phénomènes extérieurs, l'instant... Les chapitres d'investigation analytique alternent avec des lectures paisibles (*Moment naissant au bord du large*) qui permettent d'atteindre un état spacieux de calme, de clarté et de lumière, c'est-à-dire de placer son esprit dans les conditions favorables à un travail plus profond et libérateur.

L'idée du cahier

Le dépassement de la philosophie envisagé dans ce cahier s'applique à la totalité de nos certitudes et de nos opinions personnelles, et non aux hypothèses des philosophes et des influenceurs professionnels, car c'est sur nos propres illusions, et non celles d'autrui, que nous devons exercer notre vigilance, ce sont elles qui nous retiennent dans une alternance imprévisible de bonheur et de mal-être.

La recherche du bonheur suppose l'existence, reconnue ou non, d'un mal-être et du désir de s'en libérer. Le bien-être est une autre façon de désigner l'absence de souffrance. Dans ce cahier, la question est traitée par une démarche analytique ponctuée de lectures apaisantes qui affleurent l'intériorité. N'est mentionné ici qu'un point de départ parmi d'autres, en espérant que la lecture de ces notes puisse contribuer à aborder notre existence avec plus de profondeur et d'humour, tout en améliorant notre bien-être et celui d'autrui.

La démarche analytique aboutit à une prise de conscience de l'aspect illusoire des opinions et des certitudes. Elle commence à desserrer les nœuds qui font obstacle aux connaissances plus subtiles qui permettront un jour de maîtriser notre destin. L'objectif n'est pas de douter de nos certitudes mais d'être sûrs qu'elles ne sont que des illusions. Cette conviction transformée par la méditation peut mener un jour à la réalisation de la sagesse.

Autrement dit, on ne parvient pas à la sagesse en restant dans l'enclos dualiste. Il faut nécessairement en sortir. Mais il est possible de préparer cette sortie à l'intérieur même de cet enclos en se libérant des croyances dont il se nourrit : c'est ce qui est tenté ici.

La sagesse est généralement enseignée par des maîtres authentiques, c'est-à dire des personnes qui ont réalisé ce qu'ils enseignent. Dans ce cahier, au contraire, elle est traitée par un esprit dualiste irréalisé. Dans le triptyque « écoute – réflexion – méditation » qui permet d'avancer dans la connaissance, ces pages concernent principalement la réflexion, l'écho individuel des enseignements écoutés. L'écoute permet de recueillir les enseignements, la réflexion de comprendre ce qu'ils signifient pour nous-mêmes, et la méditation de les amener dans les profondeurs de l'être, là où ils ne peuvent plus se perdre.

Les sources de ce cahier sont indiquées tout à la fin. Aucune source n'est signalée dans le texte lui-même, ce qui entraîne l'impossibilité de savoir si telle idée provient d'un maître réalisé ou d'un esprit dualiste. Cet oubli volontaire empêche le lecteur de se cantonner dans le mode croyance*, et l'oblige à utiliser pleinement son discernement. C'est un antidote à la « facebookisation » des esprits qui en outre permet de mieux trier les informations la plupart du temps orientées qui nous viennent des médias et des rumeurs.

Le bien-être peut être naturel ou fabriqué. Le premier correspond à notre nature profonde, tandis que le second se constitue en amassant des conditions favorables, comme vivre dans un lieu agréable, veiller sur sa santé, avoir des relations amicales, connaître l'amour, exercer un métier qui nous plaît, etc. Ce bien-être fabriqué n'est qu'un leurre puisqu'il peut disparaître en un instant à la suite de circonstances défavorables (quand les conditions du bonheur ne sont plus réunies). L'effondrement de cet édifice artificiel permet parfois de comprendre, mais un peu tard, que notre vie n'était qu'une construction factice, un paradis ou un enfer en toc. Mais lorsque le bien-être est associé à une meilleure compréhension de ce que l'on est, il devient de moins en moins dépendant des circonstances, de plus en plus naturel. Un bien-être uni à une connaissance authentique, dans le sens d'une réalisation intérieure, est indestructible, car cette connaissance ne fabrique rien, ne surimpose rien, mais se contente de révéler ce qui est là depuis l'origine : quelque chose d'indestructible, de joyeux, de paisible et de clair. C'est ce bonheur masqué par la méprise de chaque instant qu'il est nécessaire de trouver, plutôt que de s'épuiser à monter un kit éphémère et défectueux.

Notre philosophie personnelle n'est souvent qu'un corpus d'opinions déterminées par nos tendances, nos habitudes, glanées çà et là dans l'air du temps et dans quelques réflexions pressées et superficielles. Il est facile de comprendre que cette philosophie n'est pas libre, qu'elle est lourde d'illusions égotiques. Les moyens de dépassement de cette inertie existent pourtant depuis des temps immémoriaux, mais il semble que de nos jours s'est installée dans les mentalités une sorte de tabou qui empêche de fréquenter les déserts fertiles de l'esprit, c'est-à dire ses profondeurs non conceptuelles et non émotionnelles. Tout au plus accepte-t-on de s'y reposer de temps en temps, comme on va se distraire au bord de la mer après une longue période passée entre les murs d'une ville agitée et tonitruante. Parmi les nouvelles religions, il en existe de moins visibles que le consumérisme, et en particulier celle du concept, qui consiste en une fixation sur de simples objets intellectuels, aussi fragiles qu'une rangée de dominos dressée dans la tempête.

La philosophie ne peut être dépassée au moyen de nouveaux concepts. Au contraire, la transformation commence nécessairement par le silence intérieur. Les pages qui suivent sont une préparation à ce silence fertile, à l'usage de ceux qui l'ont contrarié incidemment par excès de bavardage intérieur ou extérieur, par surabondance de préoccupations ou d'activités, par colère ou addiction, par distraction ou torpeur, ou encore par trouille abyssale du vide.

Ce texte est donc une approche du moment de dépassement de la philosophie, quand tout a été dit et que le silence peut enfin livrer son secret. Ce moment remarquable peut transformer celui qui le perçoit intuitivement, qui s'y ouvre et s'y engage. Pour d'autres, rien ne remuera dans la demeure intérieure, et à travers la vitre de leur isolement dualiste, ils verront tout au plus un clair papillon battre des ailes dans un pays étrange auquel ils n'ont pas accès.

Nous avons une croyance « aveugle » en notre perception au point de la prendre pour une réalité absolue. Si cette croyance était moins forte, notre esprit serait plus aéré, plus dénoué, plus serein, plus libre, et le bien-être en serait amélioré. Les exercices proposés dans ce cahier permettent de mettre en doute la certitude inconsciente selon laquelle nous percevons quelque chose de définitif. De telles réflexions demandent à être prolongées ensuite par des méditations libératrices.

Ce cahier qui ne décrit rien de nouveau, et n'est cependant pas une simple compilation, développe quelques interrogations sans réponses qui sont autant de moyens de réduire ses propres illusions.

Si un terme bloque, si la compréhension fait défaut, il est inutile de se « prendre la tête », cette attitude ne faisant que nourrir un moi déjà bien rassasié. Les fumées brûlantes sortant des cheminées d'usines polluent l'atmosphère : trop de feu sous le crâne finit par obscurcir l'intelligence. Un concept qui semble obscur peut simplement indiquer chez le lecteur un manque de maturité pour le pénétrer. Aucune importance ! Autant prendre son temps et aller se promener dans les vertes prairies qui tapissent abondamment les plaines et les versants des rivages terrestres. Peut-être qu'un jour le même concept deviendra aussi lumineux qu'un cristal, ce sera alors l'occasion de consacrer le temps nécessaire à son entière digestion.

Il n'est pas aberrant de considérer ces pages comme une somme de balbutiements sur un sujet qui mérite d'être étudié profondément par la suite, en passant par des enseignements dispensés par des maîtres que l'auteur laisse au lecteur le soin de découvrir parmi la profusion de prétendants. Nul doute que le karma du lecteur lui trouvera le maître le plus adapté à son profil, et la rencontre le transportera peut-être dans une joie indicible, lui faisant oublier l'un des aspects fallacieux du karma : sa tendance à rejouer les tendances passées, ce qui signifie qu'il n'est pas impossible qu'une histoire vécue autour d'un faux maître dans d'autres existences puisse engendrer une nouvelle situation tout aussi erronée. D'où l'idée de ne jamais perdre son discernement face aux attraits trop mélodieux, la fascination n'étant qu'un agréable aveuglement.

Ce cahier n'est pas scientifique, car il ne s'agit pas ici de regarder à l'extérieur avec les yeux de l'arraisonnement, en utilisant d'ingénieux dispositifs, des appareillages ultra-sophistiqués, de vérifier des hypothèses, d'entrer dans de savants calculs, d'avoir une opinion sur la dernière théorie qui permet de connaître les décors voisins ou lointains au milieu desquels s'ébrouent notre corps et la planète, d'analyser les briques infinitésimales qui constituent nos mirages, d'admirer l'ordonnancement et l'irrésistible complexité des couches successives de majestueuses spéculations.

Ce cahier est aussi peu un témoignage, même intérieur, car le texte comporte des références à d'autres expériences et à de nombreux enseignements reçus. Il puise la plus grande partie de ses sources dans le bouddhisme, tout en sachant que ladite voie n'est pas le seul chemin de libération, et si la plupart des repères ici mentionnés en proviennent, il est certain que d'autres voies, adaptées à d'autres tempéraments, d'autres capacités, d'autres cultures et poussées par d'autres karmas, vont dans la même direction. Seulement, il est plus facile de parler de ce dont on a une proximité par la pratique que de ce qui est perçu de loin, dans des livres, à la télé, à la radio, sur le web, sur les réseaux sociaux, dans les salons de coiffure, au hammam ou au café du commerce.

Les « quatre vérités des Nobles » (premier enseignement du bouddha) consistent à prendre conscience du mal-être qui nous accompagne même quand tout semble aller bien, à comprendre que ce mal-être a des causes, c'est-à dire qu'il n'est pas le fruit du hasard, à comprendre qu'il peut être éliminé, et qu'il existe un cheminement pour le vaincre définitivement. Ces vérités observées par les êtres éveillés (les Nobles) sont à la portée de tous, le plus délicat étant sans doute d'être convaincu de la possibilité d'élimination définitive du mal-être.

En résumé, ce cahier n'a aucune vocation philosophique ou scientifique. Cette remarque liminaire est importante dans le choix de l'attitude à prendre pour l'appréhender. Son objectif serait plutôt d'encourager des personnes honnêtes à se connaître par eux-mêmes et à trouver une aide valide, adaptée à leur capacité et leur motivation. Ce texte constitue le simple encouragement d'un bizut à d'autres bizuts. Ensuite tout reste à faire. Pour l'approfondissement il sera nécessaire d'accoster d'autres rives, si la barque le permet et que les flots ne sont pas trop tumultueux. Il est inutile de souhaiter beaucoup de courage et de discernement aux aspirants. Puissent-ils ne pas tomber dans le piège des publicités à deux sous.

Conseils de lecture

Le lecteur est invité à regarder ce texte comme un champ d'amorces destinées à élever chez lui un certain nombre de pensées qu'il doit alors traiter en fonction de sa propre expérience. Attendu que le but est une transformation personnelle, juger le contenu de ces pages ne serait pas efficace. C'est comme si quelqu'un trouvait mauvaises les tomates consommées par le voisin alors qu'il est lui-même occupé à s'empiffrer de saucisses aux hormones.

Il n'est donc pas demandé au lecteur d'entrer dans le monde de l'auteur, mais d'approfondir son propre univers, et de voir à quel point il est brinquebalant et cousu de fil blanc. Tout est illusion dualiste, qu'elle soit appelée opinion, certitude, vérité ou réalité. Le lecteur devrait entrevoir que le monde qu'il perçoit et qu'il conçoit n'est qu'une fabrication sans réalité permanente, semblable à un rêve ou à un mirage.

Les opinions consignées dans ce cahier ne doivent pas être considérées comme issues d'une seule personne, mais plutôt comme une compilation d'opinions diverses qui ne sont pas obligatoirement cohérentes entre elles.

Si le lecteur est en désaccord avec une opinion donnée dans ce cahier, la méthode ne consiste pas à la démolir pour renforcer son ego mais à examiner sa propre opinion sur le sujet puisque c'est cette dernière qu'il doit approfondir. Supposons que le lecteur conteste l'opinion « On peut se sentir libre dans une dictature », il lui faut examiner son propre avis sur la question, c'est-à-dire par exemple « il est impossible de se sentir libre dans une dictature », et à partir de là comprendre ce qu'il entend par « liberté ».

Un physicien pourra par exemple réfléchir sur ses connaissances, et voir en quoi elles n'expliquent rien sur ce qu'il est lui-même. Suivant notre spécialité, il est toujours possible de réfléchir sur l'intérêt de nos savoirs dans un chemin de connaissance. Et si nous y voyons une utilité, il est intéressant d'approfondir cette croyance, de voir ce qu'elle met en œuvre, d'analyser les hypothèses, puis de se poser de nouveau la question du profit apporté par ces savoirs pour la connaissance de soi. Réification n'est pas réalisation, bien au contraire : réaliser ce que nous sommes ne consiste pas à combiner des concepts.

En outre, lorsque le lecteur n'est pas d'accord avec une opinion notée dans ce cahier, il est intéressant pour lui d'observer pendant quelques instants son état mental au moment de sa réaction. Est-il outré, a-t-il envie d'étrangler l'auteur de l'opinion, le méprise-t-il du haut de sa montagne ? L'observation peut être complétée par un examen plus systématique en prenant en compte trois aspects. Premièrement, il peut regarder son état physique au moment de sa réaction : sent-il des crispations, des tensions de la colère, une gêne respiratoire, des brûlures ou des refroidissements, des douleurs, etc. Le deuxième aspect concerne ses pensées : ses commentaires, le scénario qu'il invente pour contrer l'opinion, tout le bavardage intérieur qui s'installe dès la lecture de l'opinion. Le troisième aspect à considérer est l'affliction qui domine dans sa réaction. Ce peut être de l'orgueil, par exemple s'il se sent humilié par l'opinion, du mépris s'il se sent très au-dessus d'elle, de la jalousie si l'opinion lui paraît plus profonde que la sienne, ou bien de la colère s'il hait spontanément cette opinion sans même savoir pourquoi, ou bien encore de l'attachement si l'opinion est contraire à ses propres croyances, etc. Cet examen lui permettra de mieux se connaître.

Une approche possible parmi d'autres s'effectuerait en trois étapes (lecture, pause, réflexion) :

1) Lecture : nous lisons d'abord le texte en prenant conscience de nos réactions en temps réel. Nos acceptations, nos troubles et nos refus permettent de mieux connaître nos a priori, nos croyances et toutes sortes d'afflictions nuisibles à une écoute authentique et une compréhension fertile. Il s'agit d'une lecture à la façon habituelle avec en plus une vigilance vis-à-vis du lecteur, c'est-à-dire de soi-même. Il n'est pas possible de comprendre un texte si notre esprit est à califourchon sur un cheval fantasque. Cette façon de lire permet de remonter à la conscience diverses aliénations de notre mental.

2) Pause : puisque la lecture a pu agiter notre esprit, nous faisons une pause pour remettre notre esprit dans un état paisible, clair et ouvert.

3) Réflexion : une fois l'esprit reposé, nous traitons le sujet à notre façon sans oublier que l'objectif est de voir l'inefficience des concepts pour réaliser la sagesse.

La déconstruction décrite dans ce cahier a pour objectif d'entrer plus facilement dans la méditation. Elle ne change rien à la vie quotidienne, mais la rend plus légère et plus tranquille. Il n'y a rien à construire pour connaître la réalité profonde, il suffit de défaire ce qui la dissimule à chaque instant.

Le lecteur est amené à dépasser sa philosophie personnelle et non l'opinion de spécialistes en philosophie, car ces personnes ne sont pas lui et ne le seront jamais, même dans une autre vie. Son attitude devrait être la même vis-à-vis du copiste nommé « Syénten » qui n'est qu'une compilation d'opinions diverses. Si quelqu'un désire connaître sa propre philosophie, il suffit d'examiner avec honnêteté ses opinions, certitudes, objectifs, idéaux et croyances.

Ce cahier présente deux vues : la vue dualiste qui correspond à la vision ordinaire ou mondaine des choses et la vue approfondie qui découle d'une réflexion tournée vers la sagesse. La vue dualiste entraîne le maintien dans l'existence conditionnée, tandis que la vue approfondie prépare à s'en affranchir, d'où son profit pour les personnes motivées par leur libération du mal-être.

On peut aussi considérer ce cahier comme un assemblage de travaux pratiques, le travail d'un étudiant qui veut bien prêter sa copie, malgré toutes les erreurs, simplifications et omissions dont elle est parsemée. Ce n'est certainement pas un corrigé. Pour caricaturer : s'il est écrit dans le texte « J'ai mal aux pieds », le lecteur n'est pas obligé de s'inventer une douleur aux pieds, mais s'il souffre des mains, il s'intéressera à ses mains.

* * *

Le nombre de répétitions d'une même idée dans le texte peut sembler excessif, mais il est utile à l'approfondissement. Le sens s'enrichit à chaque répétition. Les énoncés humoristiques qui suivent ne sont évidemment pas à prendre dans leur sens littéral :

La première apparition de l'idée permet une simple lecture. Le sens est à peine effleuré. Elle satisfait les badauds et les distraits.

La deuxième apparition fournit une compréhension vague. Elle satisfait ceux qui souhaitent pouvoir en parler, comme les journalistes ou les politiciens, sans prendre ou avoir le temps d'approfondir. Nous ne sommes pas encore vraiment entrés dans le sujet.

La troisième apparition apporte une compréhension plus sérieuse et plus profonde. Elle touche les professeurs qui doivent enseigner sans déviation et répondre aux questions de leurs élèves, ainsi que les intellectuels qui doivent résister aux pièges de leurs adversaires les plus retors. Nous commençons à entrer dans le sujet, mais nous mettons surtout en jeu des placages conceptuels.

La quatrième apparition sort du bocal intellectuel et permet une compréhension plus fertile. Elle s'applique aux créateurs et ingénieurs, et à toutes les personnes qui ont une obligation de réalisation à partir de leur compréhension intellectuelle.

La cinquième apparition concerne les aspirants à la sagesse. Elle permet de comprendre l'idée dans toute sa profondeur et en même temps de prendre conscience de son aspect illusoire. Tandis que l'ingénieur sort du confinement intellectuel pour confronter les concepts à la réalité dualiste, l'aspirant à la sagesse s'en détache pour s'unir à la réalité intérieure puis à la réalité ultime.

* * *

Les sujets abordés dans ce cahier ne sont que des exemples. Chacun doit examiner ses propres opinions et non celles des autres, le but étant de voir qu'elles sont des illusions à dépasser pour parvenir à une connaissance authentique. Indépendamment de ce cahier, le lecteur est invité à examiner une à une ses opinions et ses croyances jusqu'au moment où il est certain de ne pouvoir rien dire sur leur véracité. Il est important de ne pas rester dans le doute, de penser par exemple qu'on ne peut rien affirmer mais que le professeur Tournesol en est capable, ou qu'il nous manque quelques données pour lever nos incertitudes, car en cas de doute le mental ne se sent pas vaincu, et sa défaite est nécessaire pour atteindre la sagesse. Au lieu d'être le corps, il adviendra un jour proche, lointain ou incalculable où nous serons la sagesse.

À la fin du livre, se trouve un lexique qui présente par ordre alphabétique les définitions de quelques éléments de vocabulaire, avec la signification qui leur est attribuée dans ce cahier. En voici la liste :

Conditionnements,
Esprit,
Illusion, Intuition,
Méditation, Méthodes verticales et horizontales, Mode croyance et discernement, Moi, Mondain,
Sagesse, Science de l'esprit, Sciences mondaines, Solidification, Sphère sensorielle,
Tétralemme, Transcendance,
Vacuité, Vérité, Voiles.

Un mot contenu dans le lexique est suivi de « * » les premières fois qu'il apparaît dans le texte.

Investigations

Cette partie présente les investigations réalisées sur différents thèmes dans un but utile au bien-être et à la sagesse. En effet, la façon habituelle de voir les choses engendre beaucoup de souffrances et d'afflictions, et favorise le mal-être et l'ignorance. Ces investigations doivent être complétées par des méditations* libératrices, car elles sont insuffisantes du fait de leur aspect égotique inhérent.

INTERROGATIONS SUSPENDUES – CAHIER N°1

Le karma

Collection d'opinions que le lecteur remplacera avantageusement par les siennes

Ce chapitre introduit le concept de karma, et examine l'intérêt qu'il peut apporter dans les chemins de bien-être et de sagesse*.

Le passé laisse dans l'esprit* des empreintes qui deviendront manifestes. Les intentions et actes du passé tissent un réseau de tendances et de situations qui viendront à maturité dans le futur. Cette loi créatrice pourrait expliquer la « manifestation », le « manifesté », les apparences. Le décor et les situations de notre vie peuvent simplement être en relation avec notre passé, et ce qui apparaît comme une création ne serait que le résultat de nos actes. La manifestation est expérimentée de la même manière pour tous les êtres humains du fait de leur vécu similaire. Chaque esprit* produirait son propre monde, et tous ces mondes cohabiteraient dans le même espace.

On évoque surtout le concept de karma pour sa capacité à nous maintenir dans le mal-être. Aussi longtemps que l'esprit* est lui-même l'expérience de la situation, il n'y a aucune souffrance, mais lorsque qu'il se divise en sujet et en objet d'expérience, c'est-à-dire quand surgit un sujet (ego, moi*, soi) qui prend conscience de lui-même en tant que sujet, les choses se compliquent, et conjointement avec ce « moi » illusoire apparaît la souffrance. L'expérience de cette division de l'esprit* est facile à observer : supposons qu'il y a un paysage devant nous, nous pouvons le voir (contact visuel - expérience panoramique) ou le regarder (moi – regard – objet du regard). Lorsqu'on se contente de voir le paysage sans y prêter une attention particulière, on ne sera pas entraîné dans des commentaires, mais dès qu'on le regarde, on commence à en isoler des parties, viennent les jugements qui peuvent provoquer contentement ou contrariété. Entre voir et regarder, la différence est dans la présence ou non du « moi ». Les facultés sensorielles remplissent leur fonction dans les deux cas.

Le karma est la loi selon laquelle tout acte a un effet, et toute situation une cause. Le mot lui-même signifie action. Tout acte dépend de causes et de conditions. Il n'y a pas de situation ou d'événement qui ne survienne sans cause ni conditions. L'idée paraît simple, et pourtant seuls les êtres éveillés sont capables d'en connaître toutes les implications. Pour les êtres ordinaires, le karma est une croyance fragmentaire en ce sens qu'il peut être vérifié partiellement dans le cadre d'une vie, mais qu'il demeure dans le registre des croyances en ce qui concerne les vies futures.

On utilise le même mot « karma » avec différentes significations complémentaires. Il peut signifier « loi de causalité » à condition de ne pas voir dans la causalité une production matérielle, mais l'idée « ceci étant, cela se fait ». Il peut se référer à la résultante des actes passés comme dans l'expression humoristique : « avoir un mauvais karma » ou bien se rapporter aux actes actuels en tant que causes du futur comme dans l'expression « améliorer son karma ».

Nous dépendons donc de notre karma passé, c'est-à-dire des actes accomplis jusqu'à cet instant, et par nos actes actuels, nous préparons les conditions de notre futur. En apprenant la musique, par exemple, on prépare notre avenir de musicien. C'est le karma qui accomplit la rétribution des actes : dans cette hypothèse nul n'est besoin de juge, à moins de désigner le karma (nos actes passés) pour cette fonction.

La croyance au karma, qui s'oppose entre autres à la croyance au hasard, n'est pas spontanée, surtout en Occident, car elle nécessite de comprendre le sens d'un mot qui appartient à d'autres cultures et qui en outre diffère selon les cultures. Dans ce cahier, on examine l'intérêt de l'hypothèse du karma pour l'obtention de la sagesse*, car si le karma a une incidence sur cette réalisation, il est plus habile d'en tenir compte que de le nier. En d'autres termes, on examine l'intérêt de la notion de karma en tant que « vérité* de chemin ».

Le karma n'existe que dans la perception dualiste, c'est à dire en présence d'un « moi ». La libération consiste en particulier à nous affranchir de ce karma qui nous emprisonne dans le cycle douloureux des existences conditionnées, car il entraîne un futur qui, s'il ne se réalise pas dans la vie présente, contraindra à une nouvelle naissance (en mode dualiste).

Lorsqu'on quitte l'être, c'est-à-dire l'absence de « moi », et que l'on tombe dans l'esprit* dualiste, on devient en grande partie le pantin du karma tout en croyant être soi-même. Nous sommes comme des marionnettes qui se prendraient pour le marionnettiste.

En examinant attentivement les actes et les situations, il est possible de valider le karma dans la vie présente (croyance partielle au karma). En effet toute cause a un effet, et il n'y a pas de situation sans cause ni conditions, même si ces dernières sont multiples et indénombrables.

Le karma possède un domaine de validité plus vaste que l'existence présente, puisqu'il englobe toutes les existences. Un temps considérable (des milliards d'années et plus) peut s'écouler entre l'acte karmique et son effet. Cet aspect n'est vérifiable que par les êtres éveillés. Pour les autres, il reste la solution d'y croire ou de faire confiance aux enseignements de ceux qui sont parvenus à s'en affranchir. La loi karmique oblige à renaître aussi longtemps que toutes les conséquences des actes ne sont pas épuisées, c'est-à-dire perpétuellement si on n'intervient pas par une méthode non dualiste. Prenons l'exemple de la colère : celle-ci entraîne la nécessité d'une situation future où elle pourra être assouvie, par exemple une naissance dans un pays en guerre ou dans un milieu violent. Une autre conséquence sera de perpétuer la tendance à la colère.

Existe-t-il des arguments en faveur de la validité du karma sur de multiples existences ? Le karma est propre à la conscience de chacun, et nous sommes seuls à subir et à assumer notre karma. Nous pouvons par exemple réfléchir à ce que nous étions avant notre naissance. Est-ce que nous étions pour une part dans notre mère et pour une part dans notre père ? Cela semble-t-il plausible ? Il faudrait croire que la conscience puisse se combiner à une autre conscience, comme le sable se combine au ciment pour donner du mortier, et qu'elle est donc une espèce de substance. Il y a aussi l'hypothèse matérialiste du génome (qui lui est bien substantiel) qui consiste à croire que de la matière est capable de produire de la conscience.

On peut ajouter l'hypothèse d'une conscience préexistante qui s'unirait à un corps physique à l'aide des génomes de la mère et du père. Les empreintes karmiques de cette conscience détermineraient le type de système sensoriel du nouveau né, par exemple un système sensoriel humain comportant cinq sens. Ce sont également elles qui détermineraient les dons innés, comme une certaine facilité à composer de la musique qui n'existe pas chez les parents et les proches ascendants. Bien qu'un être vivant soit composé d'un esprit et d'un corps, il n'existe aucun contact véritable entre la conscience immatérielle et un quelconque processus physique, à cause de leur différence de nature, et si la conscience semble liée au corps, c'est par l'affirmation forte de la conscience d'être le corps, et son identification à lui. Cette identification ne disparaît qu'au moment de la mort, sachant que le continuum de conscience désormais sans corps en cherchera un autre pour combler son manque, c'est-à-dire un support capable d'épuiser le karma qui domine à ce moment.

Maintenant une petite diversion : elle provient de la difficulté à comprendre qu'il ne peut y avoir de « contact » véritable entre l'esprit (la conscience) et le corps physique, même si grossièrement on peut affirmer par commodité de langage qu'il en existe un. Une interrogation peut aider à comprendre métaphoriquement cette énigme. L'idée est de se poser la question suivante : « Une chaise est-elle en contact avec l'espace qui l'entoure ? Un objet peut-il être en contact avec le vide ? » Même si nous ne connaissons pas la réponse avec certitude, nous pouvons cerner les problèmes qui existent à vouloir s'exprimer ainsi, notamment celui de prendre le vide pour une substance.

Avantages de l'adhésion à l'hypothèse du karma

Hormis chez les grands handicapés de la conscience, il existe toujours en nous l'intuition* que l'éthique est nécessaire et bienfaisante pour nous-mêmes et autrui, mais on ne sait pas vraiment pourquoi, on ignore d'où cela vient exactement. On cherche souvent des explications à l'extérieur, une harmonie sociale par exemple, mais dans ce cahier l'explication est recherchée dans l'intériorité.

Grâce à l'idée de karma, les événements de la vie paraissent moins arbitraires. Son contraire, la croyance au hasard, peut être néfaste parce qu'elle ne génère pas de motivation pour l'éthique. En effet, pour quelle raison, à part la peur du gendarme, devrions-nous éviter d'être nuisibles aux autres, puisque le futur n'a aucun lien avec nos actes actuels ? Or, sans éthique, il est impossible d'avancer vers la sagesse*, cette dernière étant indissociable de la compassion universelle. L'éthique est une espèce de préfiguration de la sagesse*, à la portée de l'esprit dualiste. Si on ne croit pas au processus karmique, on peut néanmoins le considérer comme un artifice pour vivre sans accomplir d'actes nuisibles, la notion de karma servant alors de repère conceptuel.

L'élimination des voiles* libère du karma et de l'esprit dualiste, ce qui prépare à la transformation de la conscience en sagesse. Cependant la sagesse n'est pas la conséquence d'un processus karmique car sa nature inconditionnée ne peut être l'aboutissement d'un mécanisme de dépendances.

Le karma est une notion très pratique pour expliquer le cycle des existences. À ceux qui ont besoin de concret pour orienter leur intuition*, il est enseigné que tout acte laisse une empreinte (karmique) dans le continuum de conscience. Quand celle-ci viendra à maturité dans le futur, il s'ensuivra une situation agréable si l'acte générateur était positif, malheureuse si l'acte générateur était négatif. L'effet de l'acte peut se produire de nombreuses existences plus tard, au moment où toutes les conditions sont réunies pour qu'il se manifeste. Ce qu'on appelle acte commence par une volition, puis la mise en œuvre, etc. Chaque étape participe à la force de l'acte. Par exemple, la volonté de voler entraîne déjà un effet karmique négatif, lequel va se renforcer lors de la mise en œuvre du vol, et s'aggravera encore s'il n'y a pas de regret de l'acte.

Rôle du karma dans la naissance

Au moment de la conception sont présents le père et la mère, mais également l'esprit du mort qui cherche à renaître. Celui-ci s'unit à l'embryon qui vient des parents pour bénéficier d'un corps. L'esprit du nouveau-né est donc la continuité de l'esprit du mort et non celui de l'un des parents, ou un esprit qui serait créé à partir d'un mélange des esprits des parents. Sommairement, le corps du nouveau-né provient des parents et son esprit appartient à la lignée des consciences successives de celui qui apparaît comme nouveau-né.

Lorsque le mort est dans le *bardo* du devenir, la dernière étape avant la naissance, il arrive un moment où il désire renaître, poussé par ses tendances karmiques. C'est son karma qui va « choisir » ses nouveaux parents, et c'est pourquoi ceux-ci sont compatibles avec les tendances qui dominent dans le continuum de conscience du mort au moment du décès.

Il n'y a rien d'extraordinaire dans le fait d'être poussé par ses tendances karmiques dans le *bardo*, puisque c'est également ainsi que les choses se produisent pendant la vie, à la différence que dans le *bardo* on est privé de l'inertie du corps, et que toute décision est impossible. Il faut donc apprendre les bons « réflexes » pendant son existence sur terre pour éviter de tomber dans des états inférieurs après la mort.

On peut être tenté de croire que les seuls parents suffisent pour procréer un enfant, mais cette idée est difficile à soutenir lorsqu'on réfléchit à ce qu'est une conscience. Celle-ci n'a pas de forme ni de couleur, ce n'est pas quelque chose de matériel qu'on pourrait couper en deux comme un fromage. On ne peut pas non plus créer une nouvelle conscience à partir de parties de celles des parents, une portion de la mère et une portion du père.

En outre la conscience du nouveau-né ne peut être une création à partir de rien. On peut ajouter que cette conscience n'est pas libre, qu'elle est conditionnée par les tendances karmiques.

Une thèse matérialiste consiste à croire que la conscience est issue de la matière. Ainsi le génome du nouveau né créerait une nouvelle conscience par une sorte de suppuration, et la conscience n'existerait que de la naissance à la mort. Il est pourtant difficile d'admettre que quelque chose de fini, le génome, la matière, puisse produire de l'infini, la conscience.

On peut examiner les conditionnements* de naissance sous l'angle matériel ou spirituel. Sous l'angle matériel, certaines caractéristiques du bébé sont inscrites dans le génome constitué à partir des génomes de ses parents. Sous l'angle spirituel, l'esprit est conditionné par les empreintes karmiques intégrées au continuum de conscience du bébé.

Ce cahier est consacré à la sagesse dont l'obtention nécessite la libération de l'esprit dualiste. Ce n'est pas en modifiant un génome qu'on pourra libérer un individu, car si la transformation de ce dernier peut améliorer (dégrader, ou aliéner) la programmation de certains conditionnements*, elle ne peut les éliminer totalement, le génome faisant lui-même partie de la manifestation conditionnée. En outre, les empreintes karmiques qui ne sont pas arrivées à maturité dans cette vie ne peuvent être traitées en bricolant le génome.

Ainsi, pour réaliser la sagesse, il est préférable de voir les conditionnements* sous l'angle spirituel plutôt que sous l'angle matériel, la matière n'étant qu'un support dualiste dans le mode altéré de l'esprit. La matière est associée à un certain mode de perception temporaire utile dans l'expérience mondaine, mais dont l'intérêt est moindre lorsqu'il s'agit de connaître l'aspect permanent de notre nature. Pour la sagesse, cette perception temporaire n'a pas plus de réalité qu'un rêve.

Rôle du karma au moment de la mort

Au moment de la mort, si on ne croit pas à la rétribution des actes, peu importe les nuisances que l'on a commises pendant l'existence, tout cela est terminé et oublié, de même pour les actes vertueux. La vie a un sens étroit, avec parfois l'impression du devoir social accompli, avec le souhait que notre descendance poursuivra notre œuvre, ou avec le sentiment d'avoir ajouté notre pierre à l'édifice d'une civilisation, etc. Sommairement nos parents nous engendrent, nous procréons, fumons quelques cigarettes et tirons notre révérence. Entre-temps, on s'est peut-être fait un nom, on a amassé une fortune, on a acquis un pouvoir ou atteint un objectif. Tout cela semble aussi vide qu'un rêve.

Par contre si on adhère à l'idée de karma, la vie a un sens plus vaste. Une vie généreuse et bienveillante par exemple, ainsi qu'une réduction de nos afflictions, permettent de quitter la terre avec un karma allégé, et d'aller vers un futur plus ouvert, plus heureux et plus compatible avec la réalisation de la sagesse.

Pour conclure

En résumé, l'adhésion à l'idée de karma est utile sur un

chemin de sagesse. Sans s'en faire une croyance, on peut la considérer comme un moyen astucieux pour conserver un comportement adapté à un chemin de bien-être ou de sagesse. Le karma a pour autre avantage d'expliquer beaucoup mieux la noblesse de la vie que la notion de hasard.

INTERROGATIONS SUSPENDUES – CAHIER N°1

○ Moment naissant au bord du large

Dans ce cahier, seize chapitres intercalaires (Moment…) sont autant d'entractes méditatifs qui permettent d'apaiser l'esprit conceptuel. Ils gagnent à être lus lentement et tranquillement. Ce ne sont pas des méditations, lesquelles demanderaient plus de recueillement que ne le permet une lecture, ainsi qu'une pratique longue et persévérante.

*
* *

Le passé n'existe plus, le futur n'existe pas encore…
Même le passé récent, notre dernière interrogation,
La conversation juste achevée,
Notre dernier sourire, nos dernières larmes,
Tout cela est terminé…
Toutes les parenthèses ouvertes sont refermées…
De même le futur proche, nos doutes, nos souhaits,
Le projet qui nous passionne et celui qui nous hante…
Rien de cela n'existe en cet instant…

Nous sommes assis dans un lieu agréable et tranquille,
Dans un fauteuil, sur un banc, au bord d'une rivière,

Le cœur rayonnant d'un sentiment de liberté...

Nos soucis s'effacent. Ont-ils jamais existé ?
Nous sommes confortablement établis.
Une clarté limpide nous imprègne...
Notre respiration est lente et profonde...

Flux et reflux de vagues bienveillantes,
Flux et reflux de vagues apaisées...

Portons l'attention sur notre dos.
Lentement... Recueillis...
Notre colonne est droite et verticale,
Comme une épée touchant le ciel...

Observons notre respiration,
Son étendue, et puis sa profondeur...
Prenons le temps de l'examiner,
Le temps qu'il faut...
Rien ne presse en cet instant...

Laissons-nous questionner :
Ressentons-nous des blocages
Dans la respiration qui nous accompagne
Comme une amie vivante et fidèle,
Comme l'aile intérieure d'un espace subtil,
Aux balancements doux et réguliers...

Demeurons dans la présence de la respiration
Aussi longtemps qu'il nous est agréable...

INTERROGATIONS SUSPENDUES – CAHIER N°1

Méprise, illusion et croyance

Collection d'opinions que le lecteur remplacera avantageusement par les siennes

Ce chapitre présente le sens prêté aux mots « illusion* », « méprise » et « croyance » dans ce cahier, sachant que ce sont de ces erreurs que procède notre conditionnement*. Y sont abordés les sujets suivants :

- La méprise,
- L'illusion dualiste,
- La croyance
- Indices de la méprise, de l'illusion et de la croyance,
- Effets des illusions,
- Différents stades d'appréhension des illusions,
- Effets de l'examen des illusions.

La méprise

La méprise est une erreur d'interprétation du réel. S'agissant d'un phénomène, elle consiste en la certitude de la réalité définitive, substantielle et permanente de ce phénomène, alors qu'il n'est qu'une manifestation relative, temporaire et sans essence propre. Cette méprise est spontanée et naturelle dans la perception dualiste.

En ce qui concerne le « moi* », la méprise est la certitude de la réalité substantielle et permanente d'un sujet appelé moi, en oubliant qu'il n'est qu'un concept ayant pour base le corps. Si nous savons pertinemment que le moi n'est pas permanent, nous agissons sans cesse comme s'il l'était, par exemple quand nous disons : « quand j'étais enfant... » comme si le sujet était identique depuis des dizaines d'années Nous savons également qu'il n'est pas substantiel, et pourtant nous faisons la grossière erreur de penser : « Je monte dans ma voiture ». L'erreur ne se résume pas à un simple raccourci verbal pour exprimer l'idée que : « Ce corps monte dans la voiture, par la volonté de mon esprit », car il y a bien une identification distraite du « je » immatériel au corps physique.

L'illusion (dualiste)

L'illusion* est la réalité telle qu'elle apparaît dans la perception dualiste, et si on l'appelle illusion c'est parce qu'elle se présente ainsi à la sagesse. Elle est le résultat ou la rémanence de la méprise. L'illusion ne signifie pas non existence, mais existence d'une autre façon que celle à laquelle nous croyons avec les ressources de notre esprit dualiste. Nous voyons une table comme un objet dur et solide, alors que l'analyse poussée jusqu'à l'infiniment petit montre qu'elle est essentiellement constituée de vide.

L'illusion conceptuelle se manifeste chaque fois que l'esprit dualiste décrète une vérité*. Cette illusion de vérité ne doit pas être confondue avec la « vérité de chemin », celle-ci étant en général un moyen conceptuel transmis par un être éveillé à l'usage des êtres mondains* pour les aider à se libérer, moyen valide dans une étape du chemin et abandonné par la suite.

La croyance

La croyance est une certitude qui s'appuie sur une illusion ou une méprise. Elle est accompagnée d'une fascination aveugle, d'une espèce d'obsession envers l'objet auquel elle s'accroche. L'esprit dualiste est totalement imprégné de croyances, et pourtant il ne qualifie de cette manière que celles dont il n'est pas l'adepte. La croyance dominante chez les humains est celle qui consiste en l'existence d'un « moi » autonome et permanent.

Indices de la méprise, de l'illusion et de la croyance

Les indices de l'illusion sont en particulier :

- le dualisme ;
- la croyance en la réalité, l'indépendance et la permanence du soi ;
- la croyance en la réalité et l'indépendance des phénomènes ;
- la croyance en la permanence des phénomènes impermanents ;
- la fascination aveugle.

Dualisme : Le dualisme est la méprise qui pousse l'esprit à saisir un sujet qui perçoit et un objet perçu, et à considérer cette perception comme vraie. L'esprit dualiste (douloureux, karmique et conceptuel), c'est-à-dire l'esprit des êtres mondains*, effectue cette méprise à chaque instant.

Réalité du soi : Le sujet croit en sa propre réalité intrinsèque aussi longtemps qu'il n'a pas réalisé son absence d'existence propre et de permanence.

Indépendance du soi : Le sujet se croit autonome, alors qu'il est en dépendance des phénomènes avec lequel il est en relation. Le soi est par exemple en dépendance avec le corps, les tendances, les pensés, les émotions, les phénomènes extérieurs, etc.

Permanence du soi : Le sujet se croit permanent, même s'il sait qu'il ne l'est pas, et il agit comme s'il l'était.

Réalité des phénomènes : Le sujet n'a pas réalisé la vacuité* des phénomènes, c'est-à dire leur absence de substance et d'existence propre, et croit en leur existence réelle.

Indépendance des phénomènes : Le sujet pense que les phénomènes sont indépendants, qu'ils existent de manière autonome. Il n'a pas réalisé que leur existence dépend entièrement de causes et de conditions.

Permanence des phénomènes : Le sujet croit en la permanence des phénomènes impermanents. Il n'a pas réalisé que tous les phénomènes sont impermanents (sauf l'impermanence).

Fascination aveugle : L'illusion est d'autant plus dommageable pour le bien-être et la sagesse que le sujet y croit fortement, avec entêtement. Cette illusion peut prendre le pouvoir et devenir exclusive et puissante. Elle admet peu la discussion et refuse d'être contredite. En face d'une opposition à cette illusion, le sujet peut se mettre en colère. Les arguments n'ont aucune influence sur lui. La puissance de la fascination d'un concept varie en fonction du concept et du niveau d'aveuglement.

Effets des illusions

Les illusions sont susceptibles de produire des perturbations affligeantes (colère, addiction, aveuglement, orgueil, etc.) qui ont pour corollaire d'alourdir le karma, de créer un mal-être chez soi et les autres, d'empêcher la progression vers la sagesse.

L'illusion dualiste produit chez soi un mal-être de fond permanent et d'autres, circonstanciels, qui peuvent accroître la souffrance d'autrui : si l'opposition à notre illusion nous enflamme, nous nous sentons mal et nos opposants également. C'est bien le dualisme, ici l'opposition « moi-autres » qui génère l'affliction. En effet, sans ce dualisme, il n'y aurait aucun objet contre lequel se fâcher. Se mettre en colère contre soi-même fait également partie de l'illusion dualiste, le sujet s'irritant contre son échec face à un idéal, une attente.

Les afflictions produisent du karma négatif générateur de situations difficiles dans l'avenir. Plus le karma est lourd, plus le travail pour s'en libérer est difficile.

La principale illusion dualiste est l'illusion égotique. Celle-ci accentue l'impression d'isolement. Plus nous donnons de la force à nos illusions, plus le « moi » devient arrogant et solipsiste, et plus nous nous sentons isolés, différents des autres, incompris, déprimés, etc. Les phénomènes sont alors perçus avec une impression de dureté, parfois même comme des menaces, le monde paraît résistant, une espèce de prison de roc, et le sentiment d'étouffement, de manque de liberté nous envahit.

L'illusion égotique crée un manque que l'on cherche à combler. Au lieu de demeurer dans une perception panoramique, nous nous prenons pour ce centre secret qu'on appelle « moi », et comme tout le reste du monde n'est pas nous, nous éprouvons le besoin de se l'approprier ou d'en saisir une parcelle.

L'étroitesse d'esprit est un effet de l'illusion égotique. Au lieu de rester ouvert et vaste, l'esprit se rétrécit pour s'engager dans la bipolarisation inhérente à l'ego. À la sphère spacieuse et rayonnante, nous préférons le couloir étroit jonché des embûches de la dépendance.

Différents stades d'appréhension des illusions

Il y a trois stades d'appréhension des illusions. Au premier stade, entièrement dualiste, l'individu prend ses illusions pour la réalité et subit toutes les afflictions qu'elles occasionnent. Au deuxième stade, celui de l'engagement vers la sagesse, l'individu apaise son mental, médite sur l'impermanence et la vacuité*, réduit le pouvoir de ses illusions et se libère peu à peu de ses afflictions. Au troisième stade, ultime, celui de la sagesse, l'individu n'a plus d'illusions.

Effets de l'examen des illusions

La connaissance de notre addiction aux illusions dualistes

permet de prendre du recul par rapport aux circonstances de la vie qui dès lors est plus paisible. À plus long terme, la reconnaissance des illusions dualistes pour ce qu'elles sont ouvre aux méditations* libératrices et permet de progresser vers la sagesse.

Moment 2

Nous sommes ici,
Nous savons où nous sommes,
Nous savons vraiment où nous sommes...
Ici il y a notre corps,
Sa chaleur et son assurance muette
Qui murmurent : vous êtes ici...

Regardons autour de nous :
Le décor confirme notre présence en ce lieu...
Tout est précis et sans nom,
Loin des brumes doucereuses de la torpeur,
Loin des pénombres de la fatigue,
Loin des éclairs de la colère,
Au-delà des filets de l'addiction...

Il y a ce paysage, peu importe lequel...
Nous savons exactement où nous sommes.
Nous sommes ancrés dans ce lieu,
Nous sommes ici
En ce moment naissant...

Notre respiration est lente et sereine...
Nous n'attendons rien.

Nous sommes seulement là
Avec le pesanteur rassurée de l'être...

Observons encore notre souffle.
Observons notre inspiration.
Observons notre expiration...
Sentons le souffle circuler dans tout notre corps.
Sentons notre inspiration,
Puis notre expiration,
Encore et encore,
Un seul instant...

Aucune tension dans notre visage.
Les mâchoires lâchent leurs proies.
Nous respirons lentement, profondément.
Un long inspir, puis un expir qui s'ouvre jusqu'au large...
Observons le calme de notre souffle...
La paix nous envahit
Du sommet du crâne à la plante des pieds,
De la main gauche à la main droite.
Tout est tranquille, comme une mer étale après l'agitation.

Demeurons dans cette présence à nous-même
Aussi longtemps qu'il nous est agréable...

Les concepts

Collection d'opinions que le lecteur remplacera avantageusement par les siennes

Ce chapitre présente les concepts d'après le point de vue dualiste puis selon une vue plus profonde. Les concepts sont très importants dans la vie car ils permettent de penser et d'entrer en relation avec autrui. Notre univers intérieur est une usine à concepts aussi longtemps que nous demeurons dans l'esprit dualiste. L'être humain a cependant la capacité de passer de l'esprit dualiste à l'éveil, contrairement à l'intelligence artificielle qui ne possède pas d'esprit, pas d'intériorité, pas d'être.

- Vue dualiste,
- Enquête,
- Analyse des concepts,
- Analyse des concepts relatifs aux objets perçus (objets extérieurs),
- Analyse des concepts liés au sujet,
- Analyse des concepts purement intellectuels (spéculatifs),
- Analyse des concepts mixtes,
- Illusion des concepts,
- Concepts et réalités,
- Concepts et philosophie dualiste.

Vue dualiste

Parmi les dictionnaires, le *Trésor* donne une définition philosophique du terme « concept » : « Représentation mentale abstraite et générale, objective, stable, munie d'un support verbal. » Le *Larousse* considère le concept comme une « idée générale et abstraite que se fait l'esprit humain d'un objet de pensée concret ou abstrait, et qui lui permet de rattacher à ce même objet les diverses perceptions qu'il en a, et d'en organiser les connaissances. » Pour le *Reverso*, il s'agit d'une « représentation intellectuelle d'une idée abstraite ».

Enquête

L'enquête qui suit (Analyse... à Effets...) consiste en une étude des concepts dans une perspective de bien-être et de sagesse. L'objectif est de pouvoir utiliser le concepts dans la vie quotidienne sans être contaminé par son venin ni devenir son esclave.

Analyse des concepts

Les pensées sont des phénomènes qui apparaissent dans le mental. Les émotions peuvent être considérées comme des pensées plus arrogantes, plus puissantes et plus aliénantes que les pensées ordinaires.

Dans ce cahier, les concepts sont considérés comme des pensées organisées et complexes. Certains d'entre eux proviennent d'objets perçus, comme le concept « table », d'autres sont liés au sujet, c'est-à-dire à l'esprit lui-même, comme le concept de « souffrance », d'autres encore sont des abstractions purement intellectuelles reliées à divers autres concepts, et d'autres sont mixtes c'est-à-dire qu'ils se composent des trois catégories précédentes. On peut même considérer que tous les concepts sont mixtes, avec une dominante dans l'une des catégories précédemment citées.

Le mot « idée » est parfois employé comme synonyme de « concept ». Il évoque la manière spontanée de son apparition à la conscience. On pourrait le considérer comme le point d'émergence d'un concept, la partie visible de l'iceberg valable en des circonstances particulières.

Analyse des concepts relatifs aux objets perçus (objets extérieurs)

Le concept n'est pas l'objet. Lorsqu'on perçoit un objet, il y a trois remarques à prendre en compte pour éviter de tomber dans le piège de l'illusion.

Un concept est un nom associé à une représentation mentale.

Le concept s'adapte à de nombreux objets qui possèdent la même représentation mentale. Par exemple le concept « reptile » a pour nom « reptile » et la représentation mentale associée est sommairement : « animal, ramper ». Le nom « reptile » est du domaine de l'esprit conceptuel, il est une étiquette posée sur une généralité. Ainsi le nom « reptile » se réfère à tous les reptiles répertoriés. Cette représentation mentale attachée au concept est une fabrication de l'esprit conceptuel, inconnue de la nature.

Un objet est concret, il est le fruit d'une perception dualiste.

On peut le voir, l'entendre, le sentir, le goûter, le toucher. Dans le cas d'un reptile qui serait à nos pieds, il est possible de le voir se déplacer et de l'entendre. Ici, il ne s'agit plus de général et d'abstrait, mais de spécifique et de concret car la sphère sensorielle* est engagée.

Il ne faut pas confondre le concept et l'objet perçu.

Il est nécessaire de ne pas confondre le concept qui est une généralité et l'objet particulier lui-même. L'esprit conceptuel ne se préoccupe que du concept qu'il prend pour l'objet particulier perçu. On se libère de cette méprise en faisant la part de ce qui est conceptuel et de ce qui est concret.

Pour mieux voir la relation entre le concept, l'objet perçu et sa représentation mentale, il est intéressant de regarder de quelle manière l'objet perçu est défini, de quelle manière l'esprit dualiste entre en relation avec des formes illusoires et produit le concept de l'objet perçu.

Reprenons l'exemple du reptile. Il est défini conceptuellement par : « animal, ramper ». Les notions de « animal » et de « ramper » sont des idées créées par l'esprit dualiste avec pour base des phénomènes tangibles. Lorsque nous sommes dans la confusion, nous ne faisons pas la distinction entre le nom, la représentation mentale et l'objet, qui sont tous les trois créés par l'esprit dualiste. C'est ainsi que nous supposons l'existence du reptile, et que nous réagissons de manière subjective à ce phénomène, avec attachement ou aversion.

Le concept de reptile, y compris la réaction d'attachement ou d'aversion, est une entière fabrication de l'esprit. L'analyse montre que l'esprit ne peut jamais percevoir un objet extérieur directement parce que l'esprit qui perçoit et l'objet perçu n'ont pas de point commun, étant de natures totalement différentes. L'esprit ne peut entrer en contact avec quelque chose d'extérieur à lui-même. En réalité nous ne voyons pas le monde extérieur, mais une image du monde extérieur qui est une fabrication de l'esprit dualiste. Nous ne percevons qu'une image mentale et non l'objet en tant que tel.

Suite à cette analyse, on peut se demander s'il nous faut croire autant à la réalité de ce que nous percevons. Sommes-nous toujours aussi certains que les concepts décrivent une réalité ? Si ce n'est pas le cas, si nous avons un doute, nous pouvons comprendre qu'il est nécessaire de dépasser les concepts pour connaître l'essence des choses.

Ces réflexions effectuées avec l'esprit dualiste ne libèrent pas par elles-mêmes, mais permettent d'entrer plus facilement dans des méditations libératrices.

Analyse des concepts liés au sujet

Ce sont par exemple les souffrances psychiques. Le concept est ici un nom que l'on plaque sur une sensation de mal-être non communicable. La souffrance est souvent vue comme un objet étranger agressif qu'on aimerait retirer par la chirurgie, alors qu'elle est une caractéristique du sujet. Le problème est qu'on ne peut la saisir puisqu'elle n'est pas substantielle. Toute tentative de saisie ne fait d'ailleurs que l'amplifier. C'est pourquoi elle ne peut être supprimée par des méthodes dualistes.

Pensons-nous vraiment qu'une méthode conceptuelle puisse nous libérer de la souffrance ? Quelques belles phrases consolatrices peuvent-elles éradiquer notre mal-être profond ? Les concepts ont beaucoup d'intérêt dans la vie pratique et sociale, ils peuvent divertir, ils peuvent consoler, nous faire rêver, etc. mais sont-ils capables de nous affranchir définitivement de l'insatisfaction ?

La souffrance n'existant qu'en mode dualiste, son élimination s'effectue en devenant libre de ce type de fonctionnement erroné de l'esprit.

Analyse des concepts purement intellectuels (spéculatifs)

Certains concepts, n'étant pas liés directement à des objets extérieurs, ne peuvent entraîner de confusion avec de tels objets. Ce sont des abstractions dépendant d'autres concepts, fabriquées par l'esprit conceptuel sans aucun lien direct avec la réalité perçue. Ils sont formés d'un nom et d'une représentation mentale basée sur d'autres concepts qu'on baptisera concepts secondaires. Ces derniers peuvent engager d'autres concepts dans un réseau complexe, comportant de nombreuses ramifications, et dont le lien avec le concret se perd dans l'enchevêtrement conceptuel. Ils sont soumis à des réactions d'attachement ou d'aversion, et se traitent dans la méditation* comme des pensées. Les concepts mathématiques par exemple font partie de cette catégorie. L'abus de concepts spéculatifs peut emporter une personne dans un monde totalement factice, le couper de la réalité concrète et même la nier, comme dans le cas d'idéologues.

Il est difficile d'imaginer que ces concepts en dépendance puissent nous libérer des conditionnements karmiques, du « moi » et de la souffrance.

Analyse des concepts mixtes

Ce sont des concepts reliés à des objets externes, des sensations internes et d'autres concepts. Tous les concepts sont mixtes, du fait de l'interdépendance. Ils ne nécessitent pas d'analyse particulière, et pour les étudier, il suffit de reprendre l'analyse des trois autres types.

L'illusion des concepts

Les objets perçus sont des illusions en tant qu'ils n'ont pas d'existence propre puisqu'ils dépendent du sujet qui les perçoit mentalement, et de caractéristiques tirées de la faculté sensorielle. Ces objets perçus n'existent pas de la manière dont on les pense sans examen approfondi, c'est-à-dire comme des entités concrètes réellement existantes. C'est donc un erreur de vouloir les saisir comme existants, de s'y attacher ou de les haïr.

Les concepts déconnectés de l'aspect sensoriel, les simples abstractions, sont des illusions encore plus évidentes, puisqu'ils n'existent que par d'autres concepts eux-mêmes illusoires. Certains concepts sont des montagnes d'illusions, de simples quiproquos. À cause de leur caractère illusoire, de leur absence d'essence, ils doivent être reconnus comme tels dans le cadre d'un chemin de sagesse.

Concepts et réalités

La perception sensorielle élabore une réalité qui est commune à tous dans les grandes lignes. C'est la réalité de surface dans laquelle nous vivons et dont les scientifiques essaient de connaître les coulisses à grand renfort d'expérimentations et de concepts. C'est cette perception qu'on appelle généralement « la réalité » et sur laquelle la grande majorité s'accorde.

Il existe également une réalité conceptuelle qui prend en compte des éléments épars de la réalité sensorielle et en fabrique des objets qui n'existent pas dans la nature mais consistent en des surimpositions imaginaires. C'est le domaine des intellectuels, mais également de tout le monde, parce que la plupart des aspects de la vie sont concernés.

Maintenant quelques mots sur le lien entre la réalité ultime et ces deux types de réalités. La réalité ultime est connue par la sagesse et non par l'esprit dualiste. On peut affirmer qu'elle est potentiellement accessible à tous et que sans elle il n'y aurait pas de réalité relative ni d'esprit dualiste. Elle est immatérielle mais permet la manifestation. Elle est également libre d'afflictions.

On peut comparer les réalités sensorielle et conceptuelle sur les critères d'immatérialité, d'acceptation commune et de génération d'afflictions :

La réalité sensorielle s'éloigne de la réalité ultime par son caractère matériel. Par contre elle est acceptée par tous les êtres qui ont le même système sensoriel, et elle ne génère pas directement d'afflictions. Il est certain que sans système sensoriel, il n'y aurait pas de contact avec un objet ni de sensation, mais la chaîne génératrice d'afflictions commence véritablement avec la sensation agréable ou désagréable provenant d'un contact. À cet instant un jugement est fait, et on entre vraiment dans l'illusion égotique et conceptuelle.

La réalité conceptuelle a le désavantage d'être moins commune que la réalité sensorielle, puisque la vue engendrée par les concepts peut différer beaucoup d'un individu à l'autre et créer des quiproquos. En outre elle génère beaucoup d'afflictions, ce qui l'éloigne de la réalité ultime. Par contre, étant de nature subtile, elle est plus proche de l'immatérialité de la réalité ultime.

En conclusion, la vérité* conceptuelle, celle qu'on appelle vérité dans la vie courante en opposition à la vérité sensorielle (conceptualisée) qui serait la réalité, ne peut servir dans un chemin de sagesse qu'en tant que « vérité de chemin » dont il faut rapidement se séparer pour parvenir à une réalisation non duelle.

Concepts et philosophie dualiste

Les philosophes multiplient les concepts au lieu de les abandonner, ne réussissant qu'à édifier une tour de Babel. Ce faisant ils reproduisent le piège de la méprise fondamentale : de la même manière que l'esprit, ne se reconnaissant plus pour ce qu'il est, invente un centre auquel il s'accroche, les philosophes conçoivent un nouveau concept pour combler le vide laissé après épuisement des concepts déjà existants, dans une fuite sans fin, et sans la moindre possibilité d'accéder à la sagesse.

Dans la science de l'esprit, on épuise également les arguments conceptuels, mais dans le but de faire capituler le mental.

Une personne qui arrête de penser demeure en général dans la torpeur, et même si elle paraît tranquille, son état n'a rien à voir avec la sagesse. La croyance selon laquelle la non pensée est une sorte d'agréable torpeur, a beaucoup d'adhérents. Elle empêche souvent d'aller plus loin, d'entrer dans une méditation vive et profonde.

Effets de l'examen des concepts

Reconnaître le caractère illusoire des concepts réduit les réactions conflictuelles comme l'orgueil, la jalousie et la colère, ce qui augmente le bien-être, la joie, l'humour et le sentiment de légèreté. Nous sommes moins dépendants de la propagande, de la publicité, et de la manipulation des opinions dans laquelle les concepts jouent un rôle prépondérant. À plus long terme, comprendre que les concepts sont des illusions réduit la production d'émotions affligeantes, ce qui diminue la formation de karma négatif, grande entrave à la sagesse. En outre, la déception à l'égard de la connaissance dualiste peut entraîner une motivation pour une connaissance directe, sans concepts, sans « moi », la seule qui soit libre.

Moment 3

Lâcher prise... Se détendre... Demeurer...
Seulement demeurer... habiter dans l'ici maintenant...
En cet instant de parfaite villégiature avec le présent,
Le passé n'existe plus... Les souvenirs ne règnent plus...
Notre identité sociale, la famille, les proches, les amis...
Même nos ennemis les plus âpres...
Tout disparaît de notre mental
Dans la transparence immune de l'instant...

Nos problèmes ont également disparu,
Qu'ils soient familiaux, professionnels ou autres.
Ce ne sont que des jeux de phénomènes,
Éphémères émanations de l'interdépendance...
Illusion de juger les illusions.
Jugements et illusions cachent la lumière sans naissance...
Nous n'avons nul besoin de ces rouages obscurs
En cet instant qui s'ouvre, au bord du large...

Ce n'est pas le moment de peaufiner des programmes,
De se flétrir dans les incertitudes du lendemain.
Tous les soucis et préoccupations liés à l'avenir
Sont piètres oripeaux d'une terre illusoire...
Le futur n'est pas encore... Est-il réel en cet instant ?

INTERROGATIONS SUSPENDUES – CAHIER N°1

Y-a-t-il un futur, ici et maintenant ?

Ces calculs nous éloignent du bel instant d'immensité...

S'il nous reste un souci,
Une ombre douloureuse impossible à chasser,
Si une pensée nous perce comme une épine,
Il est temps de nous en occuper,
Seulement en cas où une urgence
Nous enserre dans son étau..

Si rien ne presse, nous l'oublions, lointaine.
Elle n'était que passagère d'une nuit sans étoiles...
Si la douleur persiste, nous l'observons
Pendant les instants nécessaires
Avec l'œil intérieur qui voit les ressentis,
Apaisons-la comme un enfant en peine...

Si elle est tellement lourde
Que nos efforts sont vains à l'évacuer,
Il nous faudra attendre un autre jour,
Quand le zénith remplira notre cœur,
Pour expérimenter plus sûrement l'éclosion
De l'instant indicible qui s'éprend du large...

Demeurons sans soucis longtemps longtemps longtemps...

Le moi

Collection d'opinions que le lecteur remplacera avantageusement par les siennes

Ce chapitre présente les défauts de la croyance en l'existence du « moi » dans les chemins de bien-être et de sagesse. Le « moi » est aussi appelé « ego » ou « soi », c'est la conscience qui joue le rôle de sujet dans le couple sujet – objet.

Sont abordés les sujets suivants :
- Vue dualiste,
- Enquête sur l'existence du moi,
- L'illusion du moi en tant que sentiment d'être permanent,
- L'illusion d'un moi autonome,
- Le moi, le monde extérieur et l'imaginaire,
- Abandonner le moi,
- Le moi et les émotions perturbatrices,
- Le moi et la mort,
- Le tétralemme* appliqué au moi
- Effets de l'examen du moi.

Vue dualiste

A propos de l'« ego », le *Trésor* propose : « [Chez Kant et ses héritiers] sujet pensant en tant qu'unité synthétique à priori des représentations ou expériences. » Le *Larousse* suggère : « Nom donné au moi conçu comme "sujet personnel" ».

Le « moi » est le sentiment d'être le sujet de toutes les expériences du corps, de la parole et de l'esprit, depuis la naissance jusqu'à la mort. Quelles que soient les circonstances, ce sujet est le même, il est notre conscience, notre identité, il nous définit totalement.

Enquête sur l'existence du moi

Sans « moi », il n'y aurait pas de réalisation (de sagesse) possible. Les aspects négatifs du « moi » sont utiles dans un chemin de sagesse en tant que matière sur laquelle on peut travailler.

L'homme ne se contente pas de percevoir, mais il s'approprie cette perception, créant ainsi un couple formé d'un sujet qui saisit et d'un objet résultant de la saisie. La répétition continuelle de ces actes d'appropriation crée par accumulation un « sujet » qu'on appelle abusivement « moi ». En dehors de ces instants d'appropriation, le « moi » est inexistant. Par exemple, lorsque aucune perception sensorielle ou mentale n'est engagée, il n'y a rien à s'approprier et donc pas de « moi », pas de sentiment de « soi ». Ceci n'est pas tout-à-fait vrai à un niveau plus approfondi. En effet, puisque nous nous identifions en permanence au corps, et que le « moi » utilise le corps comme base, nous ne sommes pas totalement dénués de « moi » en dehors des appropriations, il reste en général au moins une référence au corps, le sentiment d'être un avec le corps.

L' « ego » ou « moi » ou « soi » est la croyance la plus difficile à éliminer. Pourtant, il est facile de se débrouiller dans la vie sans un « moi », même si l'esprit dualiste en ricane derrière sa fausse moustache. L'élimination du « moi » s'effectue par des méditations non dualistes, mais on peut déjà recueillir certains indices sur son manque de réalité par une investigation conceptuelle.

Pourquoi parle-t-on d'éliminer la croyance au « moi » et non d'éliminer le « moi » ? La raison en est que le « moi » n'existe pas, et que c'est donc la croyance en son existence qui est le fauteur de trouble. On ne saisit que ce que l'on croit exister, et si l'on ne croit pas en l'existence du « moi », on n'essaiera pas de le saisir comme sujet, on ne s'engagera pas dans la dualité sujet – objet.

Lorsqu'on nous pose la question « pourquoi ceci, pourquoi cela ? », nous trouvons généralement une réponse. Par exemple, si on nous demande : « pourquoi méditez-vous ? », nous répondons « parce que ça me fait du bien », « pour mieux me connaître », ou « parce que je m'ennuie », etc. En approfondissant, nous comprenons que nous ne sommes pas sûrs de notre réponse. Celle-ci, la plupart du temps conventionnelle, est beaucoup plus proche d'un argument que d'une véritable raison. Tout ce passe comme si nous avions été poussés à faire cela (dans l'exemple : méditer), et qu'ensuite le « moi » s'était surimposé pour trouver un argument, comme s'il fallait la confirmation conceptuelle de ce vers quoi nous étions poussés « naturellement ».

Nous pouvons penser que la décision est déjà prise, mais que nous mettons du temps à la mettre en mots. Nous pouvons aussi considérer que le « moi » est venu s'ingérer dans un acte qui pouvait très bien être exécuté sans son intervention, et qu'il n'est que l'expression de la vanité d'être l'auteur de l'acte. On peut encore imaginer que le « moi », par sa nature illusoire, a besoin d'être continuellement sous les feux de la rampe pour ne pas sombrer dans la panique face au néant de sa propre existence...

L'illusion du moi en tant que sentiment d'être permanent

On examine à présent l'aspect du « moi » qui consiste au sentiment d'être le même depuis la naissance, à la fascination exercée par ce sentiment, et à la croyance implicite à l'existence de cette identité.

Pour éclairer le problème, nous pouvons nous poser trois questions : le « moi » actuel est-il le même que celui de notre enfance ? le « moi » de la vie familiale est-il le même que celui de la vie professionnelle ? le « moi » de cet instant est-il le même que celui de l'instant précédent ?

Le moi actuel est-il le même que celui de notre enfance ?

Dans notre enfance, nous jouions aux billes, à la poupée, nous avions des copains et des copines de classe, nous regardions des séries pour enfants, nous pensions surtout à jouer, jamais à gagner notre vie, etc. À l'état adulte, nous avons une famille, un conjoint ou une conjointe, une profession, des responsabilités, nous travaillons à obtenir suffisamment de ressources pour subvenir au confort de notre famille, etc.

Le « sujet » de nos expériences d'enfant est-il le même que celui de nos expériences d'adulte ? Pouvons-nous déclarer honnêtement qu'ils sont identiques ? Honnêtement signifie sans penser qu'il ne peut en être autrement du fait que nous portons le même nom, ou que notre corps est identique, même s'il a évolué vers un format adulte. Pouvons-nous répondre à la question sans faire intervenir des certitudes provenant d'habitudes ? Seulement voir l'enfant et voir l'adulte en situation, les regarder, les voir, sans commentaires.

Quand l'adulte se met à la place de l'enfant par l'imagination, sa conscience est celle d'un adulte, et non celle de l'enfant qu'il était. Cette conscience-là a disparu depuis longtemps, puisqu'il s'agit de conscience conditionnée, et que les conditions ont changé. Les souvenirs ne sont que des concepts. Quand l'adulte se met à la place de l'enfant par l'émotion, son émotion est celle de l'adulte qu'il est actuellement et non l'émotion de l'enfant.

Si nous affirmons qu'entre l'enfance et l'état adulte, c'est le même sujet qui a évolué au cours des ans, nous supposons qu'un sujet est constitué de sujets successifs, ce qui revient à dire qu'il n'est pas permanent, or nous pensons qu'il s'agit toujours de nous. Cette erreur est due en partie au fait que nous voyons l'évolution du sujet comme celle du corps, et pourtant ce n'est pas le corps qui est le sujet, le corps est un support incapable de prendre la moindre initiative.

Cette observation concerne le même individu à de grands intervalles de temps, de l'ordre de dizaines d'années. Qu'en est-il pour un individu en une même journée, par exemple au travail aux heures de bureau et en famille le soir ?

Le moi dans la vie de famille est-il le même que celui dans la vie professionnelle ?

L'idée de ce paragraphe est d'observer que ce « moi » que l'on croit permanent varie en fonction des situations au cours de la même journée.

Quand nous sommes en famille, nous sommes imprégnés de l'atmosphère familiale. Nous avons des relations émotionnelles avec notre conjoint, nos enfants. Nous ressentons leur présence, leur style. Nous jouons notre rôle de père, de mère ou d'enfant, et quand nous sommes dans ces rôles, nous y croyons vraiment. L'entraide et l'empathie sont naturelles.

Dans la vie professionnelle, nous nous habillons en responsable, en collaborateur, en ouvrier, patron, cadre, artisan, vendeur, syndicaliste et nous y croyons. Nous n'aidons pas systématiquement les autres. Nous sommes parfois entourés de concurrents. Nous avons une hiérarchie ou des subordonnés. Nous devons rester vigilants pour conserver notre emploi. La plus grande partie de notre temps est employée à l'activité. Nous sommes complètement dans ce rôle.

Le sujet dans sa famille est-il le même que celui de la vie professionnelle ? Posons-nous la question honnêtement en voyant comment nous sommes en famille et comment nous sommes dans la vie professionnelle, en évitant les réponses toutes faites, car le but est de voir si le sentiment d'être le même est confirmé.

Cet exemple est valable pour d'autres situations. Notre vie est compartimentée. Dans chacun des compartiments, il y a un « moi » différent associé à une atmosphère et à un comportement émotionnel différents, et nous passons d'un « moi » à l'autre spontanément, sans vraiment nous en rendre compte. C'est la situation qui nous habille du « moi » approprié. Ainsi, nous ne sommes pas le même en famille, au travail, avec des amis, avec un amant ou une maîtresse, avec un employé à un guichet, avec les collègues de la salle de sport, d'un club ou d'une association. Nous pouvons remarquer que certaines afflictions dominent avec un « moi » particulier et s'effacent avec un autre. Par exemple l'orgueil et la jalousie peuvent avoir un rôle important dans le « moi » professionnel, et dans le « moi » familial ce sera plutôt l'attachement.

Il existe aussi le « moi » intime que l'on revêt lorsque nous sommes en retrait, quand nous voulons rester seuls avec nous-mêmes, ce « moi » que nous croyons être le « moi » véritable, le seul qui ne serait pas un personnage plus ou moins fabriqué en interaction. En regardant de plus près, ce « moi » est loin d'être constant, la seule différence avec les autres est l'absence d'entourage, il ne reste que les pensées, les émotions et les sensations, avec nos tendances en toile de fond.

Pouvons-nous encore croire en la permanence du moi ? Dire que le moi est permanent et que ce sont les objets avec lesquels il est en relation qui changent, est la manière habituelle de penser lorsqu'on est distrait. Faisons une expérience : regardons successivement une tasse puis un stylo, ou deux autres objets de notre choix. Regardons les lentement, consciencieusement. Posons notre regard sur la tasse pendant quelques instants, puis sur le stylo quelques instants également. Nous sommes la tasse puis nous sommes le stylo. Quand nous regardons le stylo, pouvons-nous être différents du stylo, et quand nous regardons la tasse, différents de la tasse ? Pouvons-nous être la tasse en regardant le stylo, et être le stylo en regardant la tasse ? Le « moi » est-il permanent ?

Dire que nous passons d'un « moi » à l'autre demande un éclaircissement. Qui passe d'un « moi » à l'autre ? Est-ce un troisième « moi » ? Il semble bien qu'en fait il s'agisse de l'esprit dualiste. Cet esprit s'identifie à un sujet qui diffère en fonction des situations et même de l'objet considéré dans chaque situation.

Le moi de cet instant est-il le même que celui de l'instant précédent ?

Le moi diffère dans le temps et selon les circonstances. Mais qu'en est-il entre un instant et l'instant suivant ? Nous pouvons par exemple penser à nos enfants, puis l'instant d'après à la réparation en cours de la voiture, puis à une altercation que nous avons eue avec un collègue de travail. Étions-nous le même chaque fois ? Et pourtant ces pensées ont surgi en moins d'une minute.

Si nous considérons ce qui se passe pour deux pensées successives, il peut arriver que la seconde n'ait aucun rapport avec la première. En poursuivant l'analyse, nous serons obligés de considérer qu'il n'y a pas de permanence du « moi » entre deux instants.

Les pensées qui se succèdent sont différentes, mais pourquoi cette constatation impliquerait un penseur différent pour chaque pensée ? Il pourrait y avoir un même penseur pour une succession de pensées... Voici une réflexion qui va dans le sens d'un penseur par pensée. Il n'y a pas de penseur sans pensées. Les deux (penseur et pensée) arrivent en même temps car s'il n'y a pas de penseur pour la penser, il n'y a pas de pensée. Et s'il n'y a pas de pensées, à quoi servirait le penseur ? Penseur et pensée sont intimement liés et indissociables.

Seulement l'esprit s'imagine penseur parce qu'il se prend pour l'espace mental, lequel reste un espace d'une pensée à l'autre, tandis que la pensée est vue comme le contenu de cet espace qui lui est changeant. L'esprit ne voit pas s'élever l'espace-penseur tandis qu'il voit la perturbation de l'espace : la pensée.

Persistance du moi

Bien que nous soyons « changement », « impermanence, « succession », le sentiment d'être permanent existe toujours en toile de fond. Nous sommes-nous demandés l'origine de ce sentiment ? Est-ce qu'il provient de notre identification au corps, lequel ne varie qu'imperceptiblement d'un jour à l'autre et peut donner une certaine impression de permanence ? Dans le rêve, il n'y a plus de corps physique. Avons-nous le sentiment d'y être le même que pendant la veille ?

Peut-on avoir des certitudes sur l'origine de la présence de ce fond de conscience de « soi » ? Et si on ne pouvait rien en dire ! Ce sentiment est là, il y a cette continuité de fond. Cette idée semble promouvoir le paradoxe selon lequel à chaque instant nous sommes différents tout en étant les mêmes. Nous ne pouvons pas vraiment trancher. Nous ne pouvons rien en dire, et ce constat intuitif est permanent chez nous pour peu que nous cherchions minutieusement, même en trompant notre ignorance par des arguments.

Il y a déjà un souci dans la question elle-même. Le sujet n'ayant pas d'existence propre, il dépend du corps, de tous les phénomènes avec lequel il est en relation, de toutes les circonstances, de son environnement, c'est-à-dire d'un ensemble de conditions. Puisque le sujet n'existe pas par lui-même, mais par cet ensemble de conditions, on devrait plutôt se poser la question suivante : « est-ce que l'ensemble des conditions est le même d'un instant à l'autre ? » Dans ce cas, la réponse devint évidente : le sentiment d'être le même est bâti sur l'illusion d'être permanent au milieu d'un champ de conditions changeantes.

Cette conscience de fond se présente clairement lorsque nous ne pensons à rien. Nous considérons ne plus avoir d'attache avec la « conscience de soi », avec le « moi », mais il semble que ce ne soit pas totalement vrai, l'attache est moins serrée que lorsque nous pensons, mais elle est toujours présente. Nous demeurons dans l'illusion dualiste.

L'illusion d'un moi autonome

Nous pensons que nous sommes autonomes sur le plan de la pensée. Nous disons « je pense », sans même savoir qui est ce « je ». Nous avons vraiment l'impression que nous formons un tout autonome. Quand nous sommes influencés par une personne, une information ou un spectacle, nous croyons pouvoir décider d'accepter ou non cette influence : « ceci me plaît, cela ne me plaît pas ». Nous oublions que nous sommes nous-mêmes un ramassis d'influences, de tendances, d'habitudes, et que c'est la dominante actuelle de ces dispositions intérieures que nous appelons « je ».

Le « je » n'est donc pas autonome, car il dépend de souffrances, de désirs, d'orgueil, de jalousie, de colère, d'aversion, etc. Si nous nous libérons de toutes ces influences, notre « je » est totalement différent. Une autre dépendance du « je » réside en l'idée du corps qui sert de base à la croyance en sa permanence. Bien que cette idée du corps soit totalement vide, elle nous rassure.

Le « je » n'est pas autonome, car il n'existe pas en dehors de ses dépendances, c'est-à-dire qu'il n'est rien du tout en absolu. En le cherchant dans notre intériorité, nous ne trouvons rien, nous ne pouvons même pas le localiser. Cette recherche peut s'effectuer en nous posant par exemple la question « Qui suis-je ? » et en laissant fonctionner notre intuition*. Dans ce cas l'objet de la recherche est le sujet lui-même. Nous ne trouvons que du vide. Où est passé ce « moi » qui décidait, qui jugeait, qui donnait son avis, qui se mettait en colère ? Il a disparu. A-t-il seulement existé un instant ?

Trois hypothèses sont possibles lorsqu'on s'interroge sur l'existence du « moi ». La première consiste à croire que le « moi » se cache quand on le regarde. La deuxième admet qu'il n'existe pas du tout. La troisième consiste à penser qu'il n'existe que lorsqu'il y a un objet en relation avec lui, qu'il n'existe qu'en dépendance, le « moi » disparaissant en même temps que l'objet. Par exemple : nous sommes assis à une table, et tout à coup nous observons une tasse. Il y a bien en cet instant une tasse et un sujet qui la regarde. Lorsqu'on abandonne le regard, la tasse disparaît également, elle s'est fondue au décor comme auparavant quand on ne la regardait pas.

Il existe un raisonnement pour montrer que ce n'est pas le regard qui a causé l'apparition de la tasse, ni l'apparition de la tasse qui a causé le regard. En effet, le regard ne pouvait pas se manifester avant la tasse, puisqu'il n'avait rien à regarder, et de même la tasse ne pouvait pas apparaître avant le regard, car il n'y avait aucun sujet pour l'observer. Le regard et la tasse se manifestent donc simultanément, en dépendance.

Ces réflexions permettent de relativiser la croyance au « moi » autonome. Il est cependant nécessaire de passer par la méditation pour réaliser l'absence de nature propre du « moi » et éliminer les voiles* émotionnels.

Le moi, le monde extérieur et l'imaginaire

Examinons à présent le lien entre le « moi », le monde extérieur et l'imaginaire. Dans la vie quotidienne, on est tour à tour dans le réel (la sphère sensorielle*) et l'imaginaire (par exemple une pensée, une image, une réflexion, un souvenir, etc.). L'esprit dualiste passe de l'un à l'autre avec une grande facilité. Si on se cantonne au niveau mondain* où le sujet est présumé permanent, ce sujet travaille en « temps partagé » dans le réel et dans l'imaginaire. Il y a donc constamment dans l'esprit un mélange de réel et d'imaginaire. En examinant plus profondément ce réel, on observe qu'il est en grande partie fait d'imaginaire car notre mental ne perçoit pas le monde extérieur lui-même mais des concepts fabriqués à partir de caractéristiques puisées dans ce monde extérieur. Par exemple, lorsque nous regardons une table, nous percevons quelques caractéristiques sensorielles (elles-mêmes conceptualisées) que nous raccordons au concept « table » imaginaire. Pour expérimenter le mélange de réel et d'imaginaire, il suffit de s'adonner à une activité pendant une minute en observant ce qui se passe dans notre esprit.

Abandonner le moi

Puisque le « moi » est préjudiciable au bien-être et à la progression vers la sagesse, faut-il l'abandonner ? Il est impossible de renoncer au « moi » par la volonté, d'où les techniques profondes mises en œuvre durant la méditation pour se passer d'elle. Celui qui décide d'abandonner le « moi » par un effort dualiste ne fait qu'élaborer un autre « moi » un peu plus hypocrite que le premier.

Qu'est-ce qui nous fait penser que nous sommes le même, qu'est-ce qui relie ces sujets si différents et qui fait croire à un sujet unique ? La croyance au « moi », la fascination qu'elle exerce sur l'esprit, l'obsession irrépressible d'être un sujet permanent, tout cela est le signe d'un aveuglement. Le « moi » présent se lie aux « moi » passés, comme si le passé faisait partie du présent. Lorsque nous pensons « moi », nous mettons dans la même charrette tous ces « moi » qui n'existent plus, nous nous identifions à eux. Mais il n'y a aucune raison objective pour que le « moi » qui pensait à ses vacances il y a une minute soit le même qui pense maintenant à préparer le repas.

« Abandonner le moi » : l'expression semble bizarre. Abandonner le « moi », c'est s'abandonner soi-même, et ensuite que reste-t-il ? Puisqu'il n'y a plus de « soi-même », le corps devrait se déplacer sans passer par la volonté de ce fantôme qu'on appelle « moi ». Ce n'est plus Jean qui se déplace, mais un corps dans lequel les voisins peuvent reconnaître celui de Jean. Cette situation semble somnambulique. Mais en absence de « moi », qui donc nous gouverne ?

En mode dualiste, le « moi » se confond avec l'esprit, il est impossible de les distinguer. Lorsque l'esprit abandonne la saisie d'un objet, il abandonne en même temps le « moi », le sujet qui saisit, car il est alors en mode non dualiste, du moins à un certain niveau de perception. Le « moi » n'est qu'un leurre accepté par l'esprit égaré, sans plus d'utilité qu'un trompe-l'œil sur une façade.

Lorsque nous prenons une tasse dans la main, notre main saisit la tasse, mais nous ne pensons pas que c'est « notre main » : c'est seulement « la main » sans l'idée rajoutée qu'elle nous appartient. La main continuera à tenir la tasse même si nous pensons à autre chose. Ce n'est pas à ce genre de saisie que l'on fait référence quand on parle de « saisie ». La saisie du « moi » apparaîtrait par exemple si quelqu'un capturait la tasse, et que nous en serions offusqués en pensant qu'il s'approprie « notre » tasse.

Plutôt que de « moi », il est préférable de parler de mode de fonctionnement égotique de l'esprit, synonyme de fonctionnement dualiste, sorte d'aberration qui empêche de voir les choses comme elles sont. Pour se transformer en sagesse, l'esprit doit abandonner sa croyance au « moi », car aussi longtemps qu'il croit en son existence, il subira le diktat de cet objet de croyance, et tombera dans le piège de la séparation « moi - autre ». Par contre s'il réalise que le « moi » n'existe pas, il ne sera plus soumis à son pouvoir et sera libéré de la déformation dualiste.

À présent, il faut clarifier cette idée de séparation « moi - autre », car il est évident qu'un esprit dualiste ne se confond pas avec un autre esprit dualiste, que Michèle n'est pas Julie, et réciproquement. La vie serait extrêmement confuse si chacun était l'autre. Pour entrevoir l'idée suggérée par la non séparation « moi - autre », il faut revenir à l'exemple de la tasse. Lorsque nous prenons une tasse dans la main, nous n'y pensons plus au bout d'un court instant, et la tasse tient d'elle-même. La volonté de tenir la tasse a pourtant été abandonnée. Ceci n'est qu'une illustration qu'il faut prendre pour ce qu'elle est, présentée seulement pour entrevoir, comme il a été dit plus haut. Une autre image peut offrir une touche utile dans la compréhension de cette non séparation, c'est lorsque nous nous mettons à la place de notre interlocuteur lors d'une rencontre. Celui-ci vient par exemple de perdre un proche, nous imaginons alors que nous avons nous-même perdu un proche, et nous lui parlons en gardant ce sentiment à l'esprit. Cette empathie est une petite approche de la non séparation, à la portée de l'esprit dualiste, mais elle permet d'imaginer le chemin à parcourir pour devenir un être éveillé libéré de cette séparation « moi - autre » simultanément avec tous les êtres, quels qu'ils soient.

Ce serait si précieux de voir les choses comme elles sont !... Justement, comment sont-elles ? Le système sensoriel apporte des images à l'esprit. Ici, on va supposer que les images sont le reflet fidèle des choses, puisque ce qui nous intéresse est la distorsion apportée par le « moi ». Dans cette hypothèse, voir les choses comme elles sont, c'est voir les images telles quelles, sans rien surimposer à ce qu'apporte la perception sensorielle. Voir les choses de manière égotique, au contraire, c'est attribuer des qualités ou des défauts subjectifs à ces images. Une maison sera toujours une maison mais elle sera belle ou laide par exemple, une musique sera harmonieuse ou insupportable. Cet ajout égotique apporte son lot d'émotions perturbatrices et de conflits. Si nous disons à un voisin que sa maison est moche comme un bunker, il risque de s'emporter, etc.

L'absence de sujet entraîne l'absence d'objets. Il n'y a plus de dualité sujet-objet, moi-autre, etc. Sans sujet ni objet, une expérience peut néanmoins exister, et l'esprit, plutôt que d'être le sujet d'une expérience, devient l'expérience elle-même, il devient un avec l'expérience. La perception devient plus vaste... L'existence peut être définie comme une suite d'expériences. C'est comme être une succession de situations, être une situation puis une autre indéfiniment. Dans ce corridor d'expériences, nous sommes la succession d'expériences du même continuum. Les expériences sont empilées, ce qui permet la libération, tandis que leur enchaînement interdirait le saut libérateur, puisque chaque chaînon serait solidaire du chaînon précédent. Les instants sont empilés, les vies sont empilées, elles peuvent se libérer en un instant...

Le moi et les émotions perturbatrices

En mode dualiste, c'est le sujet qui est le réceptacle, c'est lui qui expérimente la vie en termes d'émotion, de plaisir, de déception, si bien qu'il ne semble pas possible de vivre sans sujet, ou bien cette éventualité supposerait une existence sans émotions, dans une indifférence totale, sans réactions, à la manière d'un robot piloté par une intelligence artificielle. Qui aurait-il envie de vivre ainsi ?

Il est peut-être erroné de croire qu'une existence sans émotions est assimilable à celle d'un robot. Un tel raisonnement identifie l'absence d'émotions à l'indifférence, à l'insensibilité. C'est une vue assez communément admise qui empêche toute sympathie à l'égard de la sagesse.

Au fur et à mesure de la progression vers la sagesse, les émotions perdent leur intérêt sous l'intensité d'une joie continue non dépendante, semblerait-il. Néanmoins, il faut atteindre soi-même la sagesse pour savoir ce qui se passe vraiment chez un être éveillé. La perspective d'être une rivière limpide est-elle vraiment moins séduisante que d'être le passager d'une barque folle descendant un torrent. Dans cette métaphore, le torrent est constitué de plaisirs et de douleurs, de bonheurs et de souffrances, avec au bout la chute inévitable vers la mort.

L'intérêt pour les émotions n'existe que dans un mode dualiste d'existence. Projeter cet intérêt dans un mode d'existence affranchi du dualisme n'est pas valide et reste du domaine de l'imaginaire.

Les êtres éveillés et ceux qui ont dépassé l'esprit dualiste ont une conduite totalement altruiste et compatissante. Ils enseignent le moyen d'éliminer définitivement la souffrance. L'ultime intègre naturellement la compassion. Cette compassion est universelle, spontanée et sans la moindre trace de « moi ». Elle est unie à l'éveil et agit sans l'intervention d'une volonté.

Si nous souhaitons nous mettre dans une posture mentale adéquate pour atteindre l'éveil, il est nécessaire d'avoir une relation claire avec nos émotions. Il nous faut trouver les causes de notre addiction à celles-ci, voir ce qu'elles sont réellement plutôt que de cultiver leur pouvoir d'intensifier la vie, aussi illusoire que fallacieux. La recherche de la nature réelle des émotions s'effectue par la méditation, ce qui n'empêche pas de réduire la confusion sur le plan conceptuel.

Le moi et la mort

Qu'arrive-t-il au « moi » au moment de la mort ? La confusion inhérente au « moi » dure jusqu'à la fin de la vie. Au moment de la mort, nous avons l'impression de perdre à la fois le bébé blotti dans les bras de sa mère, l'enfant qui jouait avec ses copains, l'adolescent amoureux et révolté, l'adulte qui a réussi ou raté sa carrière ainsi que sa vie familiale, nous avons le sentiment de perdre notre famille, nos proches, nos passions, notre culture, notre savoir, notre statut social, etc. C'est bien ce que nous pouvons penser lorsqu'à la fin de la vie nous en faisons l'inventaire. Et cette perte augmente notre anxiété. Tout un monde s'écroule : le nôtre.

Et pourtant, lorsque nous réfléchissons plus profondément à ce que nous sommes à cet instant, nous comprenons que le bébé, l'enfant, l'adulte sont morts depuis longtemps, et qu'ils n'apparaissent que dans la boîte magique des souvenirs. Nous sommes ce que nous sommes, et ce que nous allons chercher dans l'inexistant, le passé révolu, ne sont que des illusions qui mettent en route la machine émotionnelle entièrement au service du maintien dans le mode d'existence conditionné. Nous sommes fascinés par le concept historique de ce que nous avons été, et nous nous y attachons comme si c'était une réalité de l'instant.

Il est évident que le « moi » n'a plus de raison d'être au moment de la mort, qu'il est très nuisible en cet instant, et qu'il faut s'affranchir des pensées et des souvenirs une fois que tout a été mis en ordre avec ses proches, que tout a été pardonné, que les souhaits les plus positifs ont été faits pour tous les êtres. Alors, quand tout est clair, que tous les dossiers sont clos, que toutes les parenthèses ouvertes ont été refermées, nous pouvons demeurer dans l'espace illimité, le silence et la clarté intérieure, c'est-à-dire dans notre propre nature qui est bien au-delà du « moi » et de ses illusions, au-delà des désirs et des craintes.

Moi et tétralemme

Nous allons utiliser le tétralemme* pour être convaincu qu'on ne peut rien dire sur la proposition « le moi existe ». Bien qu'il ne soit pas libérateur (de la souffrance) par lui-même, le tétralemme peut produire une expérience mentale qui prépare aux méditations libératrices. Dans la logique ordinaire, à la question « le moi existe-t-il ? » il y aurait deux réponses possibles dont l'une est vraie et l'autre fausse. Dans le tétralemme, quatre réponses sont possibles, toutes vraies.

Voici les quatre propositions qui doivent être acceptées par l'intuition :
(1) le moi existe,
(2) le moi n'existe pas,
(3) le moi existe et n'existe pas,
(4) Ni le moi existe ni il n'existe pas.

On réfléchit alors sur chaque proposition une par une, en

utilisant l'intuition*. Dans le cas où l'on ne se sentirait pas capable de passer directement à l'intuition, on peut s'aider du paragraphe ci-dessous consacré aux commentaires, sachant qu'il vaut mieux les remplacer par ses propres réflexions.

Placement de l'intuition

Avec notre intuition, nous posons l'esprit aussi longtemps que possible sur les certitudes 1 à 4, silencieusement, sans les commenter, puis nous nous concentrons sur l'ensemble des quatre propositions.

Commentaires

Proposition 1 : « le moi existe ». Depuis ma naissance et jusqu'à ma mort, je suis moi et non un voisin, un ami, un autre. Le matin, quand je me lève, je me retrouve immédiatement tel que la veille, avec le même corps. Si je changeais de moi à chaque instant, la vie serait impossible. Je peux même énumérer les traits les plus saillants de mon caractère. Mon conjoint n'a pas l'impression de vivre avec un autre tous les jours. Je me revois quand j'étais enfant. J'ai grandi et j'ai vieilli, mais c'est toujours moi. Je me reconnais. Qui pourrait être cet enfant sinon moi ?

Proposition 2 : « le moi n'existe pas ». Je regarde en moi... Le moi, c'est le sujet de chaque expérience. Mais quand je regarde ce que j'étais dans mon enfance, je ne me vois pas comme étant le même sujet qu'aujourd'hui. C'est un autre qui jouait dans la cour de récréation. Le présent n'est pas le passé. Je suis obligé d'admettre que ce moi qui serait le même sujet pour toutes mes expériences de ma vie n'existe pas. Je me vois enfant, je me vois adulte, je me vois en famille, je me vois dans ma profession. Je peux répéter cette visualisation plusieurs fois de suite, en regardant chaque fois qui je suis, dans aucun des cas je puis affirmer que je suis le même. Ce n'est que par convention que je déclare que c'est moi. Il n'y a aucun sujet permanent que je pourrais nommer « moi ».

Conclusion

En conclusion, ces propositions se neutralisent, et nous aboutissons à la conclusion que nous ne pouvons rien dire sur l'existence du « moi ».

Effets de l'examen du moi

La compréhension que le « moi » n'est qu'une croyance réduit la propension aux afflictions comme l'orgueil, la jalousie, la colère et l'addiction, ce qui augmente le bien-être, la joie et le sentiment de légèreté dans les circonstances difficiles de la vie. À plus long terme, c'est-à-dire en vue de la sagesse et de l'éveil, prendre le temps de comprendre que le « moi » n'est qu'une référence illusoire, sans réalité permanente ni substantielle, prépare aux pratiques qui permettront de réaliser la vacuité* du « moi », de se libérer de la croyance en celui-ci ainsi que des voiles* émotionnels.

○Moment 4

À présent, nous allons nous reposer de notre propension à élaborer des scénarios superflus, qui peut tourner à l'obsession. Par exemple, quand surgit une pensée très émotionnelle, nous avons tendance à bâtir à partir d'elle une histoire qui se traduit par une fuite en avant dans un territoire plus ou moins miné de notre imaginaire. Par exemple, nous sommes en train de travailler quand surgit la pensée d'une rencontre amicale, et nous sombrons dans un rendez-vous fictif qui nous distrait de notre activité en cours.

Pour nous habituer à interrompre ces scénarios parasites, nous allons couper une phrase par petits morceaux en commençant par la fin. Concrètement nous allons enlever le dernier mot de la phrase à chaque lecture. Nous lisons lentement en faisant une courte pause après chaque lecture. L'exercice doit être effectué en conscience. Le faire distraitement sans penser au sens des mots n'a aucun intérêt.

Chacun peut choisir la phrase qui lui plaît. Si en outre elle est reliée à un scénario émotionnel actif dans la période qu'on est en train de vivre, c'est encore mieux. Il est possible également d'ajouter une visualisation, de se représenter des images en rapport avec le texte récité. Dans l'exemple qui suit, la phrase est neutre.

Il n'y a plus rien dont nous aurions besoin, un souvenir à rappeler à la mémoire, une image agréable, un projet à mettre en œuvre, nous n'avons pas à commenter le présent.
Il n'y a plus rien dont nous aurions besoin, un souvenir à rappeler à la mémoire, une image agréable, un projet à mettre en œuvre, nous n'avons pas à commenter le.
Il n'y a plus rien dont nous aurions besoin, un souvenir à rappeler à la mémoire, une image agréable, un projet à mettre en œuvre, nous n'avons pas à commenter.
Il n'y a plus rien dont nous aurions besoin, un souvenir à rappeler à la mémoire, une image agréable, un projet à mettre en œuvre, nous n'avons pas à.

------------ *continuer ainsi en enlevant le dernier mot à chaque passage*

Il n'y a plus rien dont nous.
Il n'y a plus rien dont.
Il n'y a plus rien.
Il n'y a plus.
Il n'y a.
Il n'y.
Il...
...

Demeurons en silence pendant une durée à notre convenance...

La réalité

Collection d'opinions que le lecteur remplacera avantageusement par les siennes

Ce chapitre examine ce qu'on appelle « réalité » et « vérité* », et montre en quoi ces deux notions ne sont que des illusions dualistes.

Les mots « vérité » et « réalité » sont deux concepts auxquels les humains éprouvent un intense besoin de s'accrocher. Dès qu'ils peuvent qualifier un phénomène de vrai ou de réel, ils se sentent rassurés, ils ont l'impression d'avoir compris quelque chose, leur inquiétude disparaît. Ils voient dans cette vérité et cette réalité un terrain solide qui leur offre en prime le sentiment d'exister.

Les paragraphes qui suivent abordent les sujets suivants :

- Vue dualiste,
- Enquête,
- Objets matériels,
- Perception de la réalité,
- La réalité sensorielle et la nature,
- Expérience mentale de la réalité,
- Le système sensoriel transmet-il la réalité ?,
- Rôle du karma dans la fabrication de la réalité,
- Essence de la réalité,
- Réalité et science mondaine,

- Cas de la méditation,
- Réalité et tétralemme*,
- Terminologie plus adaptée aux objectifs de ce cahier.

Vue dualiste

Les paragraphes qui suivent examinent le point de vue dualiste concernant la réalité et la vérité après une courte visite des opinions sur le sujet transcrites dans les dictionnaires.

Du côté des dictionnaires

Concernant la vérité :

(1) « Connaissance reconnue comme juste, comme conforme à son objet et possédant à ce titre une valeur absolue, ultime *(Trésor)*. »

(2) « Norme, principe de rectitude, de sagesse considéré(e) comme un idéal dans l'ordre de la pensée ou de l'action *(Trésor)*.»

(3) « Connaissance ou expression d'une connaissance conforme à la réalité, aux faits tels qu'ils se sont déroulés ; les faits réels eux-mêmes *(Larousse)*. »

(4) « Toute proposition dont l'énoncé exprime la conformité de l'idée avec son objet *(Reverso)* . »

Concernant la réalité :

(5) « Ce qui existe indépendamment du sujet, ce qui n'est pas le produit de la pensée *(Trésor)* . »

(6) « Ce qui est réel, ce qui existe en fait, par opposition à ce

qui est imaginé, rêvé, fictif (*Larousse*) ».

En ce qui concerne la vérité, la définition 1 est décevante parce qu'elle fait intervenir « une connaissance reconnue comme juste », sans préciser les personnes (leur profil, leur obédience, leurs intérêts,...) qui s'autorisent à la reconnaître comme juste. La 3 est plus intéressante car elle établit un lien entre les concepts et les faits. Reste à savoir ce qui est appelé « les faits ».

Pour ce qui est de la réalité, la définition 5 se contente d'opposer la réalité à l'imaginaire. La réalité serait donc ici le produit de la sphère sensorielle*. La 6 assimile le réel aux faits, le risque de confusion se situant toujours dans ce qu'on appelle « les faits ».

Perception de la réalité

La vue dualiste consiste en la croyance en une réalité substantielle extérieure. Pour exemple, regardons une table ! Elle semble solide. On peut s'y accouder, y poser des plats, etc. Il n'y a aucune raison de douter de son existence. Elle est faite d'une certaine matière, par exemple du bois. Elle est difficile à transporter, et par chance, nous n'avons pas besoin de la déplacer aussi souvent qu'une chaise. Elle est réelle : on est assis devant elle tous les jours au cours des repas. Elle est substantielle : lorsque nous la touchons, nous éprouvons une sensation de résistance, de solidité.

Dans la vue dualiste, il y a le monde extérieur, puis le

système de perception à l'intérieur du corps qui réalise la jonction avec le cerveau souvent confondu avec l'esprit. Dans cette façon d'appréhender la perception, il n'existe que trois éléments : le sujet qui perçoit, la fonction de perception et la réalité extérieure. On admet que l'image perçue provient de cette réalité extérieure dans laquelle évolue notre corps. Tout semble évident : à l'extérieur, la source (dans le cas d'objets visuels) émet des ondes électromagnétiques vers l'œil, créant au final une image dans le mental du sujet. Cette conception suppose l'existence d'une réalité extérieure à l'esprit.

La science mondaine*, également dualiste, corrige ce point de vue : l'image perçue comporte des caractéristiques qui n'appartiennent pas à la réalité extérieure, mais à l'esprit. Par exemple, dans la perception de la couleur orange, c'est bien l'observateur qui surimpose l'impression d'« orange » aux stimuli transmis par le système sensoriel, car la couleur orange n'existe pas dans la nature. Il en est de même pour les autres couleurs.

La mécanique quantique, obligée d'intégrer l'influence de l'observateur dans les résultats d'une expérience, montre involontairement l'insuffisance du dualisme pour expliquer la réalité infinitésimale.

Enquête

L'enquête qui suit (Objets matériels à Terminologie...) consiste en une étude du concept de la réalité dans une perspective de bien-être et de sagesse. L'objectif est de pouvoir utiliser le concept de réalité dans la vie quotidienne sans être contaminé par son venin ni devenir son esclave.

Objets matériels

Le terme « table » est un concept dont le nom est « table » et dont la représentation mentale est très sommairement « quatre pieds verticaux, un plan horizontal ». Ce concept permet de nommer la table concrète, l'objet, que l'on a devant soi. Cette table n'existe pas spontanément d'elle-même. Elle dépend de multiples facteurs, de causes et de conditions ; dans cet exemple ce seront des planches, un montage, des outils, etc. En outre elle n'est qu'une réunion de parties (pieds, plan). Ces parties peuvent encore être subdivisées en fibres de bois, et en continuant l'analyse, on arrivera à d'infimes particules. En définitive, on ne trouve jamais de substance réelle à la table, car même les infimes particules n'ont pas de réalité immuable, ce qui oblige d'ailleurs l'esprit dualiste à les définir en termes de probabilités et de statistiques (apparence statistique).

On peut effectuer la même analyse sur d'autres objets, on ne rencontrera jamais la moindre substance, alors qu'un objet semble toujours exister de manière substantielle dans la perception mondaine. De même, rien n'existe de manière substantielle dans l'univers, rien n'est pourvu d'une qualité durable, toute la réalité peut être comparée à un mirage.

En conclusion, un objet n'a de substance qu'au niveau de l'apparence statistique élaborée par notre esprit. Dès que l'on quitte la perception ordinaire, la notion de substance n'a plus de sens.

À présent une petite note à propos de l' « apparence statistique » :

Au niveau infinitésimal, la matière telle qu'elle est appréhendée par les physiciens n'étant pas déterminée, on préfère en parler en termes de probabilités. Ce n'est que statistiquement que l'on parvient à un niveau de perception où la matière semble déterminée, que l'on trouve des formes et des couleurs, mais ce n'est qu'une apparence. C'est ce processus de réunion-globalisation, d'intégration, donnant l'illusion d'un déterminisme et d'une continuité, qui est appelé ici « apparence statistique ». Pour se faire une idée de ce processus, il suffit de penser à l'effet produit par les tableaux pointillistes (on les regarde de près, puis de loin), sachant qu'il ne s'agit que d'une illustration très lointaine, la matière n'étant pas formée de points immobiles.

Perception de la réalité

La perception comprend le sujet qui perçoit, la fonction de perception et l'image perçue. Cette image est perçue dans l'esprit. Mais qu'en est-il de la source d'informations utilisée par la fonction de perception ? Est-elle à l'intérieur ou à l'extérieur de l'esprit ?

Le terme « esprit » utilisé ici a une signification plus vaste que dans les science mondaines et la psychologie. Le lexique en fin de cahier en donne quelque explication. On peut considérer que l'esprit, c'est nous, nos consciences, nos pensées, nos émotions et le réceptacle de tout ce qui se manifeste à nous par l'intermédiaire du système sensoriel. L'esprit, c'est ce que nous sommes (esprit pur), et ce que nous sommes lorsque nous nous travestissons en un sujet qui observe (esprit souillé).

Si la vue dualiste considère que ce qui est perçu est l'image d'une réalité extérieure, la science mondaine, comme il a été indiqué précédemment, corrige ce point de vue : l'image perçue comporte des caractéristiques qui n'appartiennent pas à la réalité extérieure, mais à l'esprit lui-même, comme par exemple la couleur.

On peut aussi supposer que les formes n'existent pas dans la nature. La façade d'une maison ignore qu'elle est rectangulaire, c'est l'esprit qui surimpose cette caractéristique, c'est l'esprit du sujet qui décrète qu'il existe une caractéristique de forme et que cette caractéristique est ici rectangulaire.

Si la vue dualiste est nécessaire dans l'existence mondaine, la réalité perçue n'est dans le meilleur des cas qu'une surimposition appliquée par l'esprit à une énigme. Le sujet attribue à cette inconnue une substance qu'il croit réelle. Dans cette vue dualiste, le mental est une création imaginaire, sorte d'émanation du cerveau. La science permet de localiser certaines fonctions dans des zones du cerveau, mais il s'agit toujours de « plomberie », du support d'une activité partielle de l'esprit lui-même infini.

Dans une vue approfondie tournée vers l'ultime, il n'y a pas de dualité intérieur-extérieur et donc pas de réalité extérieure de type dualiste (tout ce qui n'est pas nous est extérieur à nous).

L'explication non dualiste de la perception implique une notion plus vaste de l'esprit qui dès lors n'est plus limité aux fonctions du cerveau, mais englobe tout ce qui existe. Lorsqu'on se libère des voiles* résultant de l'aspect souillé de l'esprit, il n'y a plus d'intérieur ni d'extérieur, il n'y a donc rien à rechercher à l'extérieur. Les choses se passent comme dans les rêves où rien de ce qui est rêvé n'est extérieur à l'esprit. L'état de veille et l'état de rêve diffèrent en ce que les processus sensoriels sont actifs dans le premier, et inactifs dans le second.

Dans ce type de perception, une source intérieure à l'esprit (aussi vaste que l'univers) est transformée au final en image dans le même esprit. Les sources des êtres et de leurs décors sont à l'intérieur de l'esprit. Plus précisément, les sources sont dans l'esprit sous « forme » d'empreintes inconnaissables, et la fonction de perception permet d'élaborer une image perceptible.

Dans la dernière parenthèse, l'esprit est qualifié d'« aussi vaste que l'univers », mais il serait plus exact de dire que l'univers est aussi vaste que l'esprit, qu'il manifeste la vastitude de l'esprit, qu'il est une projection dans l'écran vaste et transparent de l'esprit.

Il y aurait deux aspects dans la perception : l'aspect sensoriel qui transforme les sources en images perceptibles, et l'aspect dualiste qui surimpose des objets mentaux. Les objets perçus comme matériels par l'esprit dualiste ne seraient que des manifestations mentales auxquelles il confère une réalité extérieure, plus précisément extérieure à l'illusion qu'il a de lui-même.

Cette vision des choses oblige au dépassement de l'esprit dualiste. Quand il n'y a plus de « moi », tout est là, sans notion d'intérieur ni d'extérieur. L'avantage de cette perception est de relativiser l'existence d'un réel définitif à l'extérieur. Dans un chemin de sagesse, pour connaître le monde, il suffit de se connaître soi-même.

La réalité sensorielle et la nature

De la nature, on ne connaît que les informations livrées par nos sens, c'est-à-dire ce qu'on pourrait appeler la réalité sensorielle (qui inclut une certaine dose de conceptualisation). Nous ne connaissons pas la nature elle-même. Cette réalité sensorielle consiste en ce que nous croyons être la source de la perception sensorielle. Or notre perception « sensorielle » utilise les organes sensoriels mais aussi des concepts, car si la production des organes sensoriels n'était pas conceptualisée, rien ne serait perçu. Pour comprendre cela, il suffit de regarder un stylo, une tasse ou toute autre chose, et d'examiner ce que l'on voit vraiment. Dans ce paragraphe, on appelle concept tout phénomène qui n'appartient pas à la nature, tout ce qui est propre à l'esprit. Non seulement on ne connaît pas la nature, mais on ignore aussi la réalité sensorielle, on peut seulement affirmer que notre perception utilise les sens et l'esprit.

Expérience mentale de la réalité

Notre expérience de la réalité est composée de sensations, de perceptions, d'images, de pensées, d'émotions. Par exemple, nous marchons dans la rue, et en même temps nous pensons aux travaux à réaliser le lendemain, puis nous pensons au film vu la veille, etc. Quand on regarde la succession de nos expériences, on voit se mêler des expériences de notre corps (sensoriel et action) et des fictions mentales. C'est tout cela qui fait notre expérience « réelle ». Ainsi on peut considérer que la fiction contribue à notre réalité. En observant les préoccupations de notre esprit, nous voyons que la fiction prend autant de place, sinon plus, que ce qui est appelé conventionnellement la réalité.

Le système sensoriel transmet-il la réalité ?

La réalité telle qu'expérimentée par le système sensoriel, est toute relative. Elle repose sur la croyance selon laquelle le système sensoriel transmettrait quelque chose d'autonome, de vrai, d'incontestable, de concret, d'unique qu'on appelle la réalité. Le problème est que la réalité est une grande inconnue, et que c'est par convention qu'on affirme qu'elle est ce que transmettent les sens. La sphère sensorielle* pourrait très bien ne communiquer qu'une fantasmagorie de sa fabrication. Dans ce cas le monde ne serait qu'une image fabriquée par l'esprit sensoriel (système sensoriel et conceptualisation), et il n'y aurait pas lieu de donner tant de poids à cette soi-disant réalité, hormis pour ce qui concerne son côté fonctionnel, utilitaire et collectif, car son avantage est d'être approximativement la même pour tous les êtres humains. En conclusion, la réalité fournie par la perception sensorielle n'est en rien une référence à laquelle s'accrocher pour accéder à la connaissance de soi et de l'ultime.

La réalité au sens mondain du terme serait plutôt l'expérience sensorielle et conceptuelle commune aux esprits dualistes humains.

Rôle du karma dans la fabrication de la réalité

Comme le système sensoriel est un enfant du karma, l'ensemble des humains, dont le karma est très proche puisqu'ils sont des humains, expérimente à peu près la même « réalité ». Au moment de la naissance, notre karma dominant définit notre état (humain, animal, divin, infernal, etc.), et les sens qui l'accompagnent (pour les humains et les animaux : la vue, l'ouïe, l'odorat, le goût et le toucher). Ainsi l'être humain expérimente ce que son infinité de naissances successives a tricoté pour lui, sans vraiment être conscient de cette lourde participation. Dans chaque vie, nous générons le « logiciel » qui servira dans les vies futures à expérimenter des tendances et des situations. Sommairement, une vie positive (vertueuse) créera un logiciel positif, une vie négative un logiciel négatif. Nous avons donc tout intérêt à vivre positivement (générosité, éthique, etc.), et le mieux est certainement d'apprendre à être libre de ce logiciel karmique, en dépassant l'esprit dualiste.

Essence de la réalité

La réalité est le nom donné à un ensemble de phénomènes interdépendants. Chaque phénomène qui n'existe qu'en dépendance de causes et de conditions, n'a donc pas d'essence propre. En conséquence il n'a aucune substance. La réalité est donc l'interdépendance de phénomènes démunis de réalité.

Réalité et sciences mondaines

Compte tenu de la manière dont les sciences mondaines appréhendent la réalité, il existerait le monde expérimental des mesures, le monde de la formulation mathématique, le monde de la théorie (la représentation conceptuelle), en plus du monde de la perception nue (ce que voit l'être humain sans l'aide de la technologie). Tous ces mondes donneraient des aperçus d'une réalité qui, si elle existe, a une fâcheuse tendance à échapper aux tentatives de capture. Les sciences mondaines n'ont aucune connaissance directe de la « réalité » dont ils font l'hypothèse, et ne sont donc pas valides dans le cadre de la sagesse.

On peut considérer que la physique quantique donne les limites de l'analyse scientifique du réel c'est-à-dire les limites de l'effet loupe de sa méthode. Le seuil se trouve là où se perd le déterminisme et que l'on commence à parler de probabilités, faute de mieux. Il ne s'agit sans doute pas d'une véritable perte de déterminisme, mais plutôt de l'atteinte de la limite du domaine de validité de l'esprit dualiste. Celui-ci ne permet qu'une mise en demeure du réel (du fait des stratagèmes de l'expérimentation) qui pourrait être un effet collatéral de la fabrication du centre fictif qu'est l'ego. Celui-ci n'étant lui-même qu'un pavé jeté dans la mare du réel, son intervention dans le réel ne peut aboutir qu'à une réalité distordue.

Cas de la méditation

Dans le domaine intermédiaire entre le dualisme et le non-dualisme, où s'inscrit la méditation, le système sensoriel n'intervient pratiquement pas, tout est expérimenté directement par la conscience mentale. Au fur et à mesure des progrès de la méditation, le pratiquant a l'impression d'atteindre une réalité, même s'il est seul dans une expérience qu'il ne peut communiquer aux autres. A côté de la réalité pourvoyeuse d'instabilité en provenance du système sensoriel, il semble exister une réalité plus stable que l'on atteint par l'intériorité, et dans laquelle on peut se réfugier pour progresser sur la voie de la sagesse. Cette impression de réalité provient sans doute de la proximité de ce qui demeure, de ce qui est solide, indestructible et pourtant vide. Alors peut advenir l'idée que le réel fourni par le système sensoriel n'est en fait qu'une réalité parmi d'autres, une réalité liée à une perception particulière, que l'esprit a décrété réelle par habitude et fascination. Autant cette réalité dualiste est pratique dans la vie mondaine, autant son aspect illusoire et contributeur d'afflictions est un handicap pour l'obtention de la sagesse.

Réalité et tétralemme

Nous nous accrochons naturellement au concept de réalité, au terme lui-même et surtout à sa représentation mentale, car tout ce que nous percevons n'est en définitive qu'une représentation mentale.

Il y a de multiples réalités : la réalité sensorielle, conceptuelle, émotionnelle, mentale, ressentie, scientifique, instantanée, historique, biologique, etc. Il n'en demeure pas moins que ces réalités partielles sont insatisfaisantes. C'est à une certitude incontestable que l'on s'attend quand on évoque le mot « réalité ». On cherche quelque chose d'inexprimable mais qui est là, clé de tout ce qui se manifeste, convainquant, irréfutable, une certitude qui nous garantirait définitivement de l'illusion. Le concept de réalité nous offre un fort pouvoir d'attachement à la substance, à la stabilité, au refuge permanent. Mais si dans la méditation on cherche ce qu'il y a derrière cette réalité, ce qu'est profondément cette réalité, on ne trouve qu'un vide sans substance. Le concept de réalité ne devrait pas faire l'objet d'une fascination si l'on souhaite s'acheminer vers la sagesse. En effet une fascination est une croyance qui s'ignore, elle est lourdement égotique et fait obstacle à l'état libre de dualisme.

La logique commune (principe de non-contradiction et du tiers exclu) donne les règles de validité dans l'utilisation des concepts au quotidien, tandis que le tétralemme indique l'absence de validité de ces mêmes concepts pour accéder à la connaissance ultime, et l'obligation de quitter l'étroit sentier du dualisme.

Le concept apporte une impression de permanence et de substance à ce qui n'est qu'impermanent et sans existence propre. Le tétralemme permet de réduire cette illusion.

Un tétralemme ne doit pas laisser de doute pour être efficace. Il faut être sûr qu'on ne peut rien dire sur le concept abordé.

Dans le cas présent, il est nécessaire d'avoir la certitude que la « réalité » échappe à notre intellect plutôt que de danser entre plusieurs options. Car dans cette danse du doute, c'est l'ego qui danse.

Voici les quatre propositions qui doivent être acceptées par l'intuition :

(1) La réalité est une illusion,
(2) La réalité n'est pas une illusion,
(3) La réalité est et n'est pas une illusion,
(4) Ni la réalité est une illusion ni elle ne l'est pas.

On réfléchit alors à chaque proposition une par une, en utilisant l'intuition. Dans le cas où l'on ne se sentirait pas capable de passer directement à l'intuition, on peut s'aider du paragraphe ci-dessous consacré aux commentaires, sachant qu'il vaut mieux les remplacer par ses propres réflexions.

Placement de l'intuition

Avec notre intuition, nous posons l'esprit aussi longtemps que possible sur les certitudes 1 à 4, silencieusement, sans les commenter, puis nous nous concentrons sur l'ensemble des quatre propositions.

Commentaires

Proposition 1 : « La réalité est une illusion. » Quand il fait nuit, le paysage disparaît. Lorsque je suis enrhumé il n'y a plus d'odeur. Lorsque je bouche les oreilles, je n'entends plus rien, etc. Cette réalité dépend entièrement de mon système sensoriel. Sans les cinq sens, il n'y aurait que du vide, du silence. il n'y aurait pas d'odeur, etc. Les apparences sont totalement fabriquées par le système sensoriel et l'esprit. Les autres personnes ont le même système sensoriel, aussi prétendent-ils expérimenter la même réalité que moi. Mais rien ne prouve que nous ne sommes pas soumis à la même fiction de l'esprit, puisque nous avons un karma très semblable. Lorsque je dors d'un sommeil profond, cette soi-disant réalité n'existe plus. Les autres disent qu'elle existe encore, mais que mon sommeil m'empêche de l'expérimenter. Pour moi, honnêtement, elle n'existe plus. A ma mort, cette réalité va disparaître. La réalité devrait être quelque chose qui existe par elle-même et qui ne devrait pas disparaître en absence de système sensoriel, quelque chose qui serait toujours là, qui ne devrait jamais être interrompu. Or je sais que les formes et les couleurs sont des productions de l'esprit, de même l'impression laissée par les odeurs ou par les sons, de même la résistance que je ressens lorsque j'appuie ma main sur une table. S'il y a un substrat à tout cet habillage artificiel, il est invisible, silencieux, inodore, sans saveur, sans résistance. Quel est donc cette sorte de réalité ? La réalité que je perçois dépend de mon esprit. La réalité n'est qu'une illusion, un mirage, un rêve...

Proposition 2 : « La réalité n'est pas une illusion. » Quand j'ouvre la fenêtre et que je regarde le paysage, tout cela est réel, je vois des formes, des couleurs, j'entends des bruits, je respire des odeurs. Quand je touche l'appui de la fenêtre, il offre une résistance bien réelle. Tout le monde est d'accord sur le paysage : si d'autres personnes regardent par la fenêtre, elles verront le même paysage. Je peux prendre le paysage en photo, j'y retrouve celui que j'ai observé directement. Cette réalité est la même pour tous. Tout cela montre que la réalité est autonome, indépendante, qu'elle n'est pas une illusion.

Conclusion

Si on réussit à comprendre qu'on ne peut rien dire à propos du concept de réalité, on avance un peu dans la compréhension de la vacuité*. Mais cette ignorance « expérimentale » ne doit pas être confondue avec une forme de stupidité qui aboutirait en apparence au même résultat. Au contraire il faut avoir expérimenté ce concept dans toute sa profondeur et dans toutes ses ramifications, jusqu'à l'épuisement de nos interrogations. Alors la porte de la méditation peut s'ouvrir.

Terminologie plus adaptée à ce cahier

Pour tenir compte de l'objectif de ce cahier, les locutions « perception neutre », « perception dualiste » et « réalité ultime » seraient préférables aux termes « vérité et « réalité » décrits dans les dictionnaires. L'emploi du mot « perception » permet de traiter à la fois les vérités et les réalités, en s'adressant simultanément aux deux domaines sensoriel et mental d'ailleurs fortement liés. La différence entre la « perception neutre » et la « perception dualiste » repose sur leur rapport à la souffrance, la perception dualiste générant de la souffrance contrairement à la neutre.

Perception neutre

La perception neutre ne nuit pas au cheminement vers le bien-être et la sagesse. Le « moi » n'intervenant pas, elle ne génère pas d'empreinte karmique. C'est le cas lorsqu'on voit un paysage devant soi, sans le regarder, sans poser l'attention sur ses détails, sans y mettre une étiquette, sans porter un jugement. Dès que l'on colle une étiquette, que l'on porte un jugement, on entre dans la sphère attractive du « moi », dans l'univers conceptuel, karmique et douloureux de la perception dualiste. Dans la plupart des cas, une perception neutre est dommageablement suivie d'une perception dualiste, du fait de l'irrésistible fascination du « moi ».

Perception dualiste

Dans la perception dualiste, il y a tout ce qui est isolé par le regard et qui peut se prêter à une réaction émotive, une saisie, un jugement. Au départ, il y a toujours la perception sensorielle, mais le « moi » intervenant, certains aspects de celle-ci sont isolés en tant qu'objets. Supposons qu'il y ait un mouvement dans le paysage : nous serons irrésistiblement attirés vers lui, et la perception neutre se prolongera par une perception dualiste. Nous constaterons par exemple que le mouvement est celui d'une voiture. La perception dualiste surimposera le concept « voiture » à la réalité perçue, la voiture n'existant pas en tant que telle dans la nature. La nature ne pense pas : « quelques aspects de moi à tel endroit représentent une voiture ». La voiture ne pense pas non plus : « je suis une voiture ». La perception dualiste a extrait certaines caractéristiques du paysage et les a identifiées au concept « voiture ». Ensuite des afflictions peuvent surgir si la voiture est reconnue comme appartenant à un individu que nous n'apprécions pas.

Réalité ultime

La « réalité ultime » (ou « vérité ultime » ou l'« ultime ») est inexprimable, incommunicable, inimaginable, non conceptuelle, non conditionnée, non duelle. Elle est la réalité accessible à la sagesse transcendante, c'est-à-dire quand s'est effectuée la transformation des consciences présentes dans le mode d'existence dualiste. Lorsqu'on considère l'ultime, on peut utiliser les termes « réalité » et « vérité » avec le même degré d'humour, puisqu'on commet une erreur dans les deux cas. Le concept de « vérité » n'est pas approprié à l'ultime, non conceptuel. De même, le concept de « réalité » n'est pas approprié à l'ultime, non sensoriel. Mais sans l'ultime, il n'y aurait ni réalité ni vérité.

Effets de l'examen de la réalité

La compréhension que la réalité n'est qu'une illusion, c'est-à-dire qu'elle n'est pas substantielle, ni absolue, ni définitive, et qu'elle dépend de notre esprit, permet de rendre la vie plus légère, de diminuer les tensions et d'améliorer la relation à la mort. À plus long terme, la compréhension que l'on ne peut rien dire sur la réalité ouvre aux méditations sur la vacuité des phénomènes et réduit le voile* cognitif.

○ Moment 5

Nous sommes de plus en plus familiers avec la détente...
Notre esprit devient paisible
En un seul claquement de doigts...
La surface d'un lac tranquille...
Un ciel dégagé...
Nous sommes dans le présent,
Conscients de l' « ici et maintenant »,
Conscients de notre corps et du lieu...

Pensons maintenant que nous ne sommes pas seuls :
D'autres êtres sensibles peuplent l'univers,
En nombre incalculable...
Auprès de nous, une multitude d'êtres humains,
Des animaux aussi, beaucoup plus nombreux,
Ils sont de tailles et d'apparences variées,
Allant de l'insecte à l'éléphant,
Sauvages ou domestiqués...

Nous les imaginons tout autour de nous.
Ainsi nous les voyons devant, à droite,
Derrière, à gauche, en haut et en bas.
Ils sont dans toutes les directions.
L'espace est empli de ces êtres...

Nous ressentons vraiment leur présence,
Leur vie, leurs souffrances et leurs joies...

L'espace compte des milliards de directions,
Dans chacune d'elles des myriades d'êtres.
Nous les voyons comme nous voyons l'espace,
Tous ensemble, mortels comme nous.
Nous les sentons très proches,
Extrêmement proches par leurs conditions d'existence...

Eux aussi sont sous la coupe de leurs actes passés.
Ainsi renaissent-ils là où les emmènent les vents karmiques.
Leur vie est ballottée par les vagues de l'océan mondain.
Les maladies se tiennent en embuscade.
Ils vont vieillir et mourir un jour.
Tout comme nous, ils ne sont pas libres de leur destin...

Nous nous sentons frères ou sœurs devant la même énigme,
Emportés dans le tourbillon du karma,
Qui nous enchaîne aux actes...
Nous les sentons comme nous, prisonniers de tendances,
D'habitudes, d'afflictions et de nécessités de subsistance....
Aussi nous développons à leur égard une compassion
Infinie, équanime et désintéressée...

Demeurons dans cette ouverture aussi longtemps qu'il nous convient...
Demeurons dans cette harmonie aussi longtemps qu'il nous est

agréable...
Demeurons dans cette bienveillance sans limites...

L'auteur

Collection d'opinions que le lecteur remplacera avantageusement par les siennes

Ce chapitre examine ce qu'on appelle un auteur en prenant pour exemple l'auteur d'un roman, la même présentation pouvant s'appliquer à toute autre activité professionnelle ou sociale (ex : agriculteur, artiste, banquier, employé, syndicaliste, expert, ouvrier, médecin, plombier, informaticien…).

Les points suivants sont abordés :
- Vue dualiste,
- Enquête,
- Confusion entre le concept d'auteur et l'individu qu'il représente,
- Croyance en l'existence d'un auteur permanent,
- Croyance en l'aspect substantiel d'un auteur,
- L'auteur est un composé,
- Démontage de l'idée d'auteur,
- L'esprit en tant qu'auteur,
- L'auteur n'existe que par interdépendance,
- Rôle de la mémoire dans la croyance en l'auteur,
- Conclusion
- Effets de l'examen du concept d'auteur

Vue dualiste

Un auteur est un individu à l'origine d'une œuvre, ici d'un roman. Il est identifié par un nom ou un pseudonyme. Il peut être riche ou pauvre, médiatisé ou non, avoir ou non une famille. En général le public peut acheter ses œuvres dans des librairies ou sur le web, le rencontrer dans des salons spécialisés, critiquer son style, etc. Ses œuvres peuvent être des fictions, des points de vue sur une réalité particulière, etc.

Enquête

L'enquête qui suit (Confusion… à Effets…) aborde la notion d'auteur dans une perspective de bien-être et de sagesse, l'objectif étant de pouvoir utiliser le concept d'auteur (ou de toute étiquette liée à une activité) dans la vie quotidienne sans être contaminé par son venin ni devenir son esclave.

Confusion entre le concept d'auteur et l'individu qu'il représente

L'auteur est un concept qui a pour nom « auteur » et pour représentation mentale « individu dont la profession consiste à écrire une œuvre littéraire ». Habituellement on confond le nom, la représentation mentale et l'individu concret qui exerce cette activité.

Cette illusion entraîne des émotions conflictuelles, sources de souffrances. Le lecteur peut facilement glisser, par la pensée, du texte lu vers l'auteur puis vers l'individu en chair et en os exerçant cette activité. Cette confusion peut être à l'origine de conflits : si quelqu'un déteste une œuvre, il peut s'en prendre à l'individu identifié comme étant son auteur. Réciproquement, on peut dénigrer l'œuvre d'un individu détesté sans même l'avoir lue. Autre exemple de cette confusion : une personnalité connue ou fortement médiatisée peut vendre de nombreux exemplaires d'un livre, indépendamment du contenu.

Croyance en l'existence d'un auteur permanent

La compréhension qu'un auteur n'a pas de réalité permanente permet de purifier le concept d'auteur de toutes les afflictions qui peuvent provenir de la croyance en sa permanence. Bien que l'on sache que le terme « auteur » ne soit qu'une étiquette permettant de préciser la nature du travail de l'individu à l'origine d'un ouvrage, on agit inconsciemment comme si cet auteur existait vraiment à tout instant. Cette méprise est gênante pour l'auteur lui-même parce qu'elle peut renforcer sa vanité, son illusion d'immortalité, et aussi pour ses lecteurs, car en identifiant un individu à un auteur substantiel et immortel, ils peuvent en faire une idole ou, dans le cas d'une détestation, renforcer encore leur aversion à son égard. Le venin porté par le concept est ici l'attachement à la permanence.

Croyance en l'aspect substantiel d'un auteur

Intéressons-nous à un auteur nommé Martin. « Martin » est à la fois l'étiquette qui permet de reconnaître l'auteur parmi la collection d'auteurs disponibles sur le marché littéraire, et également le nom attribué à l'individu physique. Ce nom prête à confusion, car si nous disons que Martin est svelte, nous pensons au corps de l'individu, mais si nous déclarons qu'il est prolixe, nous faisons référence à l'auteur.

Nous savons que l'auteur Martin n'a pas de substance matérielle parce qu'un auteur est un concept représentant une profession. L'aspect substantiel ne concernerait donc que l'individu Martin. Celui-ci n'existe pas en dehors de ses relations internes et externes. Lorsque nous connaissons l'apparence physique d'un auteur, après une rencontre par exemple, il peut arriver que cette image colle à notre imaginaire et participe à l'illusion d'un auteur substantiel. L'individu Martin se croit lui-même substantiel. Il se serait plus facilement douté de la supercherie s'il ne s'était pas autant identifié à son corps qui est substantiel (matériel) dans le sens de la perception dualiste. Cette identification au corps a rendu son esprit très confus. Quand son corps monte dans une voiture, il pense que c'est lui qui monte dans la voiture, c'est aussi lui qui pense au loyer qu'il doit payer le lendemain, au paquet de cigarettes qu'il a dans la poche, au rendez-vous avec le garagiste. Il s'imagine parfois sur une plage au moment-même où son corps est à son bureau. Où est donc réellement ce Martin dont on ne voit que le corps ?

Un composé nommé auteur

On serait tenté de penser que l'auteur Martin est un ensemble formé d'un corps, d'une mémoire, d'une imagination, d'une intelligence, d'un style, d'un talent, etc. L'idée est alléchante et passe très bien dans la conversation courante. Mais s'il en est ainsi, Martin n'est que le nom donné à un concept recouvrant une multitude d'aspects. Martin est un composé qui n'existe que par ses parties : le corps, la mémoire, l'imagination, etc. Mais il n'existe aucune partie où l'on peut trouver l'individu nommé Martin et encore moins l'auteur. Si nous pensons que Martin est dans l'imagination, qu'en est-il de son corps ? etc.

Puisque le lecteur n'a pas le pouvoir de connaître l'esprit de Martin, s'il désire approfondir son étude, il suffit qu'il la transpose sur lui-même en se posant la question : « Où suis-je, où est ce moi ? », et en regardant en lui, il y a de fortes chances qu'il ne trouve rien.

Démontage de l'idée d'auteur

De sa naissance, Martin a récupéré des qualités, des capacités manuelles et intellectuelles, et aussi des faiblesses et des afflictions. Cet état initial provient de ses parents et de son karma. Par la suite, ses enseignants depuis la maternelle jusqu'à l'enseignement supérieur, lui ont donné une éducation qui lui a permis de développer certaines capacités. Ce qu'il a lu, ses relations, son expérience, le milieu où il a vécu ont contribué également à son développement. Qu'il en soit conscient ou non, l'air du temps joue un rôle important dans l'élaboration de l'œuvre qu'il a signée, ici un livre, surtout s'il a l'intention de cibler un public.

Pour travailler à son livre, il a fait appel à sa mémoire, son intelligence, sa raison, son imagination, sa faculté de concentration, sa sensibilité, ses afflictions, etc. Ses facultés sont héritées de ses parents (pour le support) et de son karma (pour la conscience souillée).

Ainsi, ce qu'on identifie sous l'étiquette « auteur », c'est le corps, les parents, le karma, les éducateurs, les lectures, les relations, le milieu, l'air du temps, l'intelligence, la mémoire, l'imagination, le karma, et bien d'autres éléments grossiers et subtils. On pourrait continuer ainsi et analyser de plus en plus profondément les collaborateurs intérieurs et extérieurs de cet auteur, on trouverait un nombre incalculable de sources, et il serait difficile de déterminer la paternité véritable de l'œuvre. L'esprit dualiste mettra l'étiquette « auteur » sur tout cela et ne cherchera pas plus loin, car il n'a pas besoin d'en savoir plus dans le cadre du jeu mondain.

En outre, l'individu « auteur » a été soumis pendant sa création à toutes sortes de tendances et d'émotions affligeantes qu'il laisse apparaître ou non, suivant qu'il travaille à une œuvre fictive ou à un ouvrage savant. Les afflictions ont un rôle important dans le choix du sujet traité et même après, pendant l'élaboration de l'œuvre.

D'une façon générale, l'auteur s'identifie à telle affliction, mais celle-ci n'est pas vraiment lui. S'il est en colère lorsqu'il écrit, c'est la colère qui écrit, et il se contente de s'identifier à elle. Parmi les sources cachées sous l'étiquette « auteur », les afflictions et les tendances sont donc loin d'être négligeables.

S'il existe un aspect non égotique dans une œuvre, l'individu ne peut se prévaloir de la qualité d'« auteur » pour cet aspect, puisqu'il n'est pas le sujet mais seulement le réceptacle d'une influence qui le dépasse, celle-ci étant alors le véritable auteur.

L'esprit en tant qu'auteur

L'auteur apparaît principalement comme le réceptacle d'un ensemble de coopérants internes et externes. Il est introuvable dans l'intériorité. C'est son esprit combiné à son corps qui a écrit le livre, ceux-ci ne pouvant rien séparément. Or cet esprit est constitué de nombreux aspects comme la mémoire, l'intelligence, l'imagination, etc. mais dans ce kaléidoscope, on ne sait toujours pas où est l'auteur ni qui il est.

Est-il un peu dans la mémoire, dans l'imagination, dans l'intelligence ? Est-il successivement dans chacun de ces aspects, comme un jeton qui se baladerait dans les différentes facultés de l'esprit ?

Serait-il donc dans le « moi » ? Lorsqu'on cherche le « moi » à l'intérieur de l'esprit, on ne trouve que du vide. Il suffit à chacun de rechercher son propre « moi » pour vérifier. Il n'y a rien au-dedans dont on peut affirmer qu'il est véritablement soi.

Le problème de l'esprit dualiste réside dans sa façon de manipuler les individus et les choses sans vérifier s'ils existent vraiment. Il agit comme si un arc-en-ciel était un objet qu'il pourrait conserver dans une armoire pour le sortir selon son bon vouloir.

L'auteur n'existe que par interdépendance

L'auteur n'est qu'une étiquette qui désigne un individu exerçant une fonction sociale, artistique, culturelle, etc. Cette fonction est en interdépendance avec des éditeurs, des libraires, des lecteurs, des médias, des critiques, etc.

L'individu associé à cette étiquette est composé d'un esprit et d'un corps en interdépendance. Le corps étant un composé, il est impermanent puisque créé à partir d'un assemblage d'éléments qui vont un jour se désassembler. Le corps est un organisme formé d'organes interdépendants. L'esprit dualiste est formé d'un certain nombre de facteurs en dépendance, par exemple l'imagination, l'intelligence, la mémoire, la raison, etc.

L'auteur, sa représentation mentale et l'individu concret qu'il représente n'existent chacun qu'en interdépendance. Rien de ces trois n'a une existence propre. En effet, tout ce qui existe en dépendance a besoin d'autres phénomènes pour exister, et par conséquent n'existe pas en lui-même, par lui-même et pour lui-même.

Rôle de la mémoire dans la croyance en l'auteur

En réfléchissant sur les lignes ci-dessus, en se posant d'autres questions et en essayant d'y répondre, le lecteur doit pouvoir admettre qu'un auteur n'est qu'une convention de langage regroupant d'innombrables collaborateurs inconnus. Plus on approfondit la recherche et plus le nombre de collaborateurs paraît grand. À la fin, ce nombre sera au-delà de ses capacités comptables, il embrassera l'univers entier, puisque tout est en interdépendance, que rien n'existe de façon autonome.

Il est étrange que son œuvre achevée, Martin soit encore appelé « auteur », alors qu'il est occupé à d'autres activités, par exemple promener son chien ou manger un sandwich. Quelqu'un reconnaîtra son visage, et lui dira : « Vous êtes-bien l'auteur du roman "Qui que quoi donc..." ? » ce à quoi il répondra par l'affirmative, et le dialogue se poursuivra avec d'autres simplifications du théâtre mondain.

Il s'agit là d'une conversation où la mémoire joue un rôle fondamental, chacun des interlocuteurs s'identifiant à sa propre mémoire et oubliant ce qu'il est vraiment dans le présent. La mémoire a l'extraordinaire pouvoir de compiler des illusions en faisant croire en leur réalité. L'existence serait une occupation très drôle s'il n'y avait pas la maladie, la souffrance et la mort. D'où l'intérêt de la regarder plus profondément l'existence par l'intériorité, par la méditation, plutôt que de se limiter au palimpseste conceptuel.

Conclusion

On a donc observé que cet auteur dont l'existence semble évidente dans la perception mondaine, est introuvable lors une observation intérieure plus fine. On appelle « auteur » le sujet qui a créé l'œuvre, et c'est donc l'existence de ce sujet qui est embarrassante parce qu'introuvable.

Effets de l'examen de la notion d'auteur

La compréhension que l'auteur (ou toute autre fonction professionnelle ou sociale) n'est qu'une illusion dualiste réduit la tendance à solidifier les pensées et les individus, source de nombreuses afflictions et conflits. Elle allège la vie et améliore le bien-être. À plus long terme, cette même compréhension permet un accès plus facile aux méditations libératrices, et peut donc être une étape fructueuse pour des personnes trop crédules vis-à-vis des concepts.

○ Moment 6

Tout est calme et paisible…

Imaginons tous les êtres autour de nous,
Dans toutes les directions de la sphère.
Ils sont là : nous ressentons leur présence.
Sans les voir nous savons qu'ils sont là…
Nous pouvons les visualiser, beaux et souriants,
Avec une forme humaine…

Nous leur portons autant de bienveillance
Qu'envers nos proches : parents, enfants,
Conjoint, frères et sœurs, amis fidèles…
Nous nous ouvrons à leurs souffrances…
Notre ouverture s'adresse à tous les êtres,
Avec l'équanimité des rayons du soleil
Qui réchauffent et éclairent sans distinction…

Si ce sentiment d'ouverture peine à nous absorber
Dans son champ fleuri de vastitude,
Dans sa perfection d'espace illimité,
Recommençons à penser à tous ces êtres,
Voyons qu'ils sont soumis comme nous à l'existence cyclique,
Quels que soient leurs richesses, leur notoriété et leur pouvoir…

Reposons-nous alors dans la paix de leur présence,
Dans la splendeur de leur transparence immaculée,
Comme si nous avions le pouvoir de lumière
Qu'apporte l'indescriptible éveil...

Vaste est notre compassion pour les animaux
Dont la confusion masque le chemin de délivrance.
De nouveau, éprouvons une grande compassion envers eux,
Puissent-ils renaître dans un état plus favorable,
À l'instar de la précieuse existence humaine...

Pensons aussi aux êtres qui nous sont inaccessibles,
Limités que nous sommes par nos facultés indigentes...
Souhaitons les aider un jour à s'affranchir,
Lorsque nous aurons nous-mêmes atteint l'éveil...

Demeurons à présent dans le calme complet,
Nous unissant à cette ouverture en germe...
Laissons notre espace intérieur devenir immensité,
Clarté, transparence et luminosité,
Un moment naît au bord du large...

Nos pensées se dissolvent...
Chaleur et compassion ne sont plus séparées de nous.
Demeurons ainsi, simplement au repos...

Le groupe

Collection d'opinions que le lecteur remplacera avantageusement par les siennes

L'objet de ce chapitre est l'exploration de tout concept représentant un groupement d'individus, qui permet une gestion conceptuelle d'êtres humains à l'écart de la réalité concrète. Le mot « groupe » n'est qu'un terme général que chacun particularisera en fonction de ses investigations personnelles, l'objectif étant de travailler sur un concept qui provoque chez soi un effet émotionnel ou cognitif, comme un mal-être ou un doute. Toutes les « étiquettes » telles que des noms d'associations, de collectifs, d'entreprises, de sociétés, d'administrations, de clubs, etc. sont valables pour cette étude.

L'utilisation du concept de « groupe » dans la vie politique (ou dans celle de grandes entreprises) peut être prise comme exemple pour mettre en lumière l'évidence des défauts de ce concept. Dans l'administration d'un pays, chaque individu est considéré comme un élément du groupe des administrés, c'est-à-dire comme un objet que l'autorité manipule ensuite en oubliant souvent qu'elle s'adresse à un individu, à un être vivant, et donc à un sujet. L'illusionnisme le plus grossier apparaît dans les dictatures. La bureaucratie, qui ne manipule que des concepts (numéros et noms), aggrave l'infantilisme de cette gestion d'objets humains. Dans le même ordre de déshumanisation conceptuelle, il y a le glissement de sens du terme DRH, de « direction des relations humaines » vers celui de « direction des ressources humaines », ainsi que le transhumanisme par exemple.

Ce n'était là qu'une parenthèse pour un cahier qui n'a aucune vocation sociale, mais s'intéresse au cheminement individuel vers la liberté intérieure.

Supposons que nous faisons partie d'une « chorale », d'un ensemble d'individus qui se regroupent pour chanter, nous ne nous intéresserons pas ici aux répétitions ni aux concerts, mais à ce qui se déroule dans notre esprit en dehors de ces moments, lorsque le nom de cette chorale remonte à la conscience. C'est le concept que nous considérons, avec ses incidences sur notre psychisme, pour comprendre en quoi il n'est qu'une illusion dualiste, sans substance ni existence propre, et cependant susceptible de générer des afflictions nuisibles au bien-être et à la sagesse.

Cette chapitre aborde les sujets suivants :
- Vue dualiste,
- Enquête,
- La contrefaçon,
- Une union qui divise,
- L'illusion,
- L'aspect statistique,
- La croyance en la réalité d'un groupe,
- La projection égotique,
- L'illusion amplifiée par la multitude,

- Le théâtre du monde,
- Le théâtre de la condition humaine,
- Le théâtre social,
- La prise de conscience de l'illusion,
- L'illusion de la sécurité,
- Le tétralemme appliqué au groupe.

Vue dualiste

Un « groupe » est constitué d'une quantité variable d'individus soumis à certaines conditions d'existence en commun. La « société française », est un exemple de groupe composé d'un ensemble de personnes qui dépendent de l'administration française (et non de l'administration australienne ou chinoise). Les membres font partie d'un groupe volontairement ou non, suivant les cas. En général, des règles communes permettent de policer les relations entre les membres. Un « groupe » est créé à une date déterminée, dure un temps plus ou moins long, et finit par disparaître.

Une « société de joueurs de boules » est formée de joueurs de boules, à l'exclusion des joueurs de tennis ou d'autres jeux, et de ceux qui ne jouent pas. Elle comporte une gestion spécifique adaptée aux joueurs de boules. Les personnes qui en font partie sont considérées en leur qualité de joueurs de boule, indépendamment d'autres critères qui pourraient les différencier, comme la profession ou le statut social. Lors de leur inscription dans la société, les joueurs se soumettent de plein gré (ou parce que cela fait partie des conditions d'inscription) à un règlement spécifique.

Enquête

Cette enquête (La contrefaçon à Effets...) aborde le concept de groupe dans une perspective de bien-être et de sagesse. L'objectif est que le terme de groupe (ou équivalent) ne puisse plus nous aliéner par son venin ou faire de nous son esclave.

La contrefaçon

Le concept de « groupe » permet de « gérer » un certain nombre de personnes à la manière d'un ensemble d'objets. En effet, puisque l'être humain ne peut être géré, n'étant pas qu'un objet social mais bien plus un sujet, un esprit, une conscience, l'idée est de fabriquer une contrefaçon conceptuelle qui pourra s'adapter à une gestion calquée sur la gestion des choses. Le théâtre mondain est ainsi fait, et si cette grossière falsification est signalée dans ce cahier, c'est parce qu'elle est tellement habituelle qu'on la vit quotidiennement sans en prendre conscience, et qu'elle provoque un surplus de mal-être par son aspect conceptuel coupé de la réalité.

Une union qui divise

Le concept de « groupe » unit tout en divisant, en ce sens qu'il rassemble des individus en fonction de critères partiels, les séparant de ceux qui ne répondent pas à ces critères, et en outre, en tant que concept, il traîne avec lui une lourde charrue d'afflictions et de conflits, ce qui se voit clairement quand un pays (groupe composé d'individus à l'intérieur de frontières) fait la guerre à un autre.

L'illusion

Un groupe (une société, un collectif, etc.) est un concept sans véritable réalité. Un groupe ne dit pas qu'il est un groupe : ce sont des penseurs qui surimposent cette étiquette à leur perception dualiste, pour sa commodité, son utilité administrative ou autre. Personne n'a véritablement vu un « groupe », mais ce mot évoque chez chacun l'idée de multiplicité, d'appartenance, peut-être d'inertie, de contrainte, de fraternité,... et aussi une flopée d'émotions agréables et de contrariétés. Pour expérimenter cela, nous pouvons par exemple poser notre attention sur les termes « armée », « état islamique », « club de vacances », et observer leur retentissement dans notre univers mental.

Aspect statistique

Le « groupe » est un concept qui permet l'accès à un ensemble d'êtres humains d'une manière abstraite et extrêmement partielle, voire simpliste. Chaque membre est assimilé à un objet conceptuel auquel est attribué une certaine quantité de caractéristiques utiles pour telle enquête, telle activité, telle gestion, telle publicité, telle idéologie, telle politique, tel produit mis à la vente. Cette collection administrative est évidemment une illusion, car aucun être humain ne peut être défini par quelques sparadraps bureaucratiques, médiatiques ou intellectuels collés à son nom.

Ce concept a une utilité certaine dans le théâtre mondain, mais le problème se pose lorsqu'on le prend pour une réalité. Supposons qu'un habitant de Paris se croit Parisien (appartenance au groupe des habitants de Paris), il peut arriver que cette croyance rende difficile la relation avec un rural lorsqu'il rencontre un individu qui se prend justement pour un rural. Ils se sont tous les deux écartés de la réalité concrète, l'un devenant le concept de Parisien et l'autre le concept de rural. Si l'habitant de Paris avait pris conscience qu'il n'était pas « Parisien » et l'habitant de la campagne qu'il n'était pas un « rural », la discussion aurait pu éviter la méprise et le mépris réciproques.

Si l'on pense qu'un Parisien a tout de même un petit quelque chose de parisien et le rural un petit quelque chose de rural, c'est qu'on n'a pas bien compris le point sur lequel l'attention est posée ici. Il est possible de résoudre la difficulté en se posant la question : « Un individu peut-il être un ensemble de petits morceaux ? » La réponse de l'esprit dualiste est « oui », tandis que l'esprit profond est en lui-même la réponse.

Croyance en la réalité d'un groupe

La croyance en la réalité d'un groupe amplifie et aggrave les afflictions. Elle consiste à considérer le groupe comme permanent et muni d'un pouvoir ou d'une volonté, alors qu'il est changeant, qu'il a une certaine durée de vie, qu'il se transforme et finit par disparaître, et que de pouvoir il n'en a aucun en propre si ce n'est celui de l'aveuglement et de la fascination.

Pour illustrer cette croyance, nous pouvons prendre l'exemple d'une grande entreprise. Il est évident qu'elle semble dotée d'un pouvoir économique et social. Sa permanence apparente (avant la mondialisation, on pouvait construire sa carrière dans la même entreprise) ne correspond pas à la réalité car elle peut faire faillite même après des dizaines d'années d'existence.

Dans ce chapitre, on examine donc la croyance au concept de « groupe » ou aux concepts équivalents. Le problème se rencontre quand on manipule intérieurement, à la façon d'un objet abstrait, le mot désignant un « groupe » particulier. Par exemple, le mot « Syrie » peut engendrer des émotions négatives chez certains. Nous nous intéressons ici à ce qui peut nuire au bien-être et à la sagesse, et nous n'avons pas vocation à changer le monde, même si la libération intérieure conduit à une nouvelle perception du monde, pacifiée et capable de recul.

La croyance au concept de « groupe » rend très vulnérable à la propagande des dictateurs et d'autres egos boursoufflés ou tortueux qui semblent détenir personnellement le pouvoir lié à un concept, pourtant plus fin qu'une feuille de papier à cigarettes, celui d'État par exemple. Elle augmente également la confusion entre le groupe et chacun de ses membres. Dans le sens de l'individu vers le groupe : si un individu se conduit mal, son discrédit se déteint sur l'ensemble des membres du groupe auquel il appartient. Si par exemple un prêtre est pédophile, la suspicion s'étendra à tous les prêtres. Dans le sens du groupe vers l'individu : on peut ne pas se sentir tout à fait soi-même lorsque l'on est confronté à un groupe, on est comme un petit épicier face à un hypermarché. Épicier et hypermarché n'ont pas la même nature, l'un est un être humain, l'autre un concept.

À l'adolescence, on se croit libre de choisir sa voie, tout semble possible, la vie est un immense champ d'espérances (hormis pour ceux qui naissent dans un milieu tellement démuni qu'ils deviennent adultes avant l'âge par nécessité de subsistance). Vingt ans plus tard, on est limité à une profession, à un style de vie, etc. Le vaste bouquet de possibilités semble s'être réduit à quelques étroits sentiers souvent rocailleux. Il nous est même difficile de nous rendre compte que nous avons perdu une grande partie de notre liberté. En fait, nous nous sommes fait piégés (entre autres) par un chapelet de concepts auxquels on a prêté une existence réelle.

Ouvrons une parenthèse à propos de la liberté... Il est nécessaire de considérer deux aspects très différents. Premièrement, ce que nous faisons au titre de notre « moi » n'a aucun rapport avec la liberté authentique, puisque le « moi » n'est pas libre. Deuxièmement, la liberté est toujours possible lorsque nous abandonnons la croyance aux concepts et que nous nous tournons vers notre réalité pure et lumineuse, dénuée de « moi ». Cette liberté fondamentale transforme la perception de notre incarnation en l'imprégnant. Alors peu importe (au sens de la liberté ultime) que l'on soit manœuvre, dirigeant, artiste, prisonnier, célèbre ou inconnu, ce n'est là que le jeu du karma.

Cette parenthèse est maintenant fermée.

En se libérant de la croyance au concept de « groupe », les choses sont vues et vécues de manière plus réelle, sans un intermédiaire en carton-pâte. D'un point de vue du concret quotidien, tout ce qui se passera dans la vie en rapport avec un groupe sera moins la source d'émotions conflictuelles, ou bien celles-ci seront moins fortes ou vite dépassées.

La projection égotique

Dans l'échelle de l'attachement au concept de « groupe », au-delà de la simple croyance commence la projection égotique dans laquelle, outre l'aveuglement, l'individu se prend lui-même pour un aspect du groupe, il se sent investi de cet aspect. Il s'identifie au groupe auquel il appartient au point de s'imaginer pourvu de qualités (puissance, protection, notoriété, etc.) qu'il lui attribue. Par exemple, si un supporter voit sa ville devenir championne de foot, il aura l'impression d'avoir lui-même gagné les matchs. Autre exemple : un américain dira : « nous avons marché sur la lune » et en tirera une grande fierté, alors qu'il n'a pas décollé de son canapé.

Cette confusion par projection prend différentes formes suivant les afflictions dominantes de l'individu. Ainsi l'orgueilleux va s'identifier à la puissance qu'il prête au groupe dont il fait partie. Seule l'illusion de réalité qu'il projette sur le concept permet d'en arriver là. En effet, s'il avait réalisé que le concept de « groupe » est vide en soi, l'orgueilleux n'aurait pas cru en sa puissance. Un concept est aussi incertain qu'un placement boursier, car ce qu'il représente concrètement peut se transformer très rapidement à notre insu. Une société florissante peut être ruinée du jour au lendemain, et pourtant son nom resplendissait dans les médias et les milieux d'affaires. La projection égotique est efficace car ceux qui la subissent ont également une forte croyance aux concepts. Il est évident que s'ils croyaient moins au concept de « groupe », les choses se présenteraient davantage comme un jeu.

Nous examinons les habitudes qui nuisent au bien-être et à la sagesse. Le théâtre mondain fonctionne continuellement avec des projections. Mais ici nous nous mettons en dehors de ce théâtre, le temps de l'exercice, afin d'être moins affecté par ces aventures théâtrales par la suite.

La plupart des sociétés choisissent un représentant auquel certaines fonctions sont attribuées, dont par exemple le commandement, c'est à dire la subordination temporaire des membres (plus ou moins acceptée) en vue d'un objectif. Aussi longtemps que le représentant considère sa mission comme un service à accomplir, tout ce passe bien. Mais s'il se projette sur cette société, il perd cette notion de service et commence à prendre ses propres intérêts pour le bien commun, il s'agit bien d'une confusion car comment pourrait-il être à lui tout seul un ensemble d'individus qui ne sont pas lui, hormis en les considérant comme des objets qu'il gère statistiquement. Nous ne parlons pas ici de filous qui sont conscients de ne travailler que dans leur intérêt, ni de dirigeants pour lesquels les individus ne sont que des numéros et des contributeurs de chiffre d'affaires, mais de représentants sincères tombés dans l'illusion de la projection égotique. C'est la dérive plus ou moins lente partant de la simple fonction pour arriver à la projection égotique qui crée des problèmes. Si le représentant avait pris la société pour ce qu'elle est : une composition temporaire, vide d'existence inhérente, il n'aurait pas été enclin à tomber dans le piège. En effet le vide n'est pas attrayant, il faut la force d'une substance, la seule que l'on puisse s'approprier. C'est donc la croyance inconsciente en la réalité substantielle du concept de groupe (ou équivalent) qui a permis une telle déviation.

Il est temps de préciser ce qu'on appelle ici « projection égotique »... Supposons des milliers de projecteurs dans la nuit, chaque projecteur éclairant dans une direction qui lui est propre. Supposons maintenant que l'un de ces projecteurs faisait comme si tous les projecteurs éclairaient dans la même direction que la sienne et qu'il était le maître de cette direction. C'est cela la « projection égotique ».

Quelqu'un est nommé chef d'entreprise. Son goût du commandement va trouver un allié dans cette notion d'entreprise. Il croit en sa réalité substantielle, oubliant qu'elle n'est qu'un concept. Inconsciemment, les salariés croient également en la réalité substantielle permanente de cette entreprise. Le chef et les salariés sont donc dans la même illusion, et tout va bien jusqu'au moment où l'entreprise croule.

Là encore, le théâtre mondain est ainsi. Si un salarié pense que l'entreprise est une illusion, il risque beaucoup de désillusions, et en outre il oublie qu'il est lui-même une illusion.

S'il a des différents avec l'entreprise, s'il reçoit par exemple une lettre de licenciement, il doit régler le problème avec la panoplie de recours mondains qui existent dans le pays. La connaissance de la non substantialité du concept va lui permettre de traverser cette mauvaise passe avec un esprit pacifié, il gardera les mêmes problèmes concrets, mais il ne s'y ajoutera pas de rancœur ni de colère, son mal-être sera atténué, et il sera plus à même de trouver une solution. Une personne consciente de la fragilité de son entreprise, de son caractère conditionné, sera mieux préparée à sa faillite, le cas échéant. Le problème est le même en ce qui concerne la position d'une personne en face de la mort. Si elle vit avec la conscience d'une mort possible à tout instant, son existence sera plus saine que celle d'un individu qui est dans le déni de la mort, et qui sera maladivement addictif à l'illusion de sécurité.

L'illusion amplifiée par la multitude

La croyance en la réalité du concept de «groupe» se renforce quand elle est confirmée par le nombre important de ses membres. Le concept semble alors posséder en lui-même la force apportée par l'addition des forces de chacun des membres. Il suffit d'observer ce qui se passe en nous lorsqu'on entend le mot « épicerie » puis la locution « centre commercial ». Dans cet exemple, le nombre intervient dans la quantité de personnel, de clients, de marchandises, d'argent mise en jeu… Autres exemples : un groupe de plusieurs millions de personnes est une réalité sociale, contrairement à un groupe de trois personnes ;

une pétition signée par des millions de personnes a plus d'impact qu'une pétition qui ne recueille qu'une dizaine de signatures.

Le théâtre du monde

Nous pouvons décrire le monde (l'ensemble des êtres sensibles habitant sur la terre) en tant que « groupe » comme une sorte de théâtre où chacun a un rôle particulier. La métaphore du théâtre peut s'appliquer puisque le monde est fabriqué à partir d'empreintes du passé qui ne forment pas vraiment un scénario mais que l'on peut considérer métaphoriquement comme tel, l'important étant ici l'idée de fabrication, d'artifice, de composition. Puisqu'il ne s'agit que de théâtre, on pourrait estimer possible de quitter la scène et de vivre de façon indépendante. Cependant des contraintes karmiques empêchent un esprit dualiste d'effectuer cette sortie. Notre passé nous oblige à monter sur la scène de ce théâtre, et d'y jouer un rôle fortement déterminé par nos tendances, nos afflictions et par les situations qui se présentent, ce qui n'empêche pas une certaine lucidité et un peu de rationalité. Un comédien de théâtre joue son rôle en s'identifiant totalement à son personnage, mais ensuite au baisser de rideau il se libère de cette projection. Dans la société, la pièce n'est jamais terminée, mais à chaque instant il est possible de se libérer de notre identification, non pas en la rejetant mais en étant totalement dans la situation qui s'offre à nous, en s'unissant à l'expérience, en étant l'expérience elle-même avec lucidité plutôt qu'en s'identifiant au sujet de l'expérience, en lâchant prise sur le sujet et en ne conservant que la situation. Si par exemple nous vivons une expérience de colère, nous nous joignons à cette colère, nous sommes un avec elle, nous suivons le rayonnement de cette colère, conscient qu'elle est totalement vide. Cette attitude ne doit pas être confondue avec la colère aveugle où l'on est obsédé par l'objet de sa colère, ce qui signifie qu'on est resté dans la dualité au lieu de s'unir à la colère (qui dès lors n'est plus colère). C'est l'aveuglement (la non vigilance) qui maintient dans la dualité sujet-objet. En cas de colère, il est donc préférable de passer en non dualité (la difficulté de cet acte de lâcher prise peut être une motivation à méditer).

Le théâtre doit être assumé du fait qu'on n'y entre pas volontairement, mais poussé par les effets du karma généré antérieurement. Ainsi, on est projeté dans ce théâtre à la naissance, sans savoir que notre passé est à l'origine de cette situation. La meilleure solution est l'acceptation de l'ébauche de scénario que nos actes antérieurs ont écrite à notre insu. En cas de négation, de refus, la vie risque d'être compliquée, on finit souvent dans une errance où il est difficile d'agir positivement, c'est-à-dire de préparer un « scénario » plus agréable pour les vies futures. Accepter, c'est ici accepter la situation telle qu'elle apparaît, pour être en mesure de créer dans un état paisible les conditions pour un futur plus agréable. Le refus crée un état de confusion défavorable à toute amélioration du futur.

Le théâtre de la condition humaine

La condition humaine est un théâtre qui peut être utilisé positivement pour réduire les afflictions. Dans le bouddhisme par exemple, la pensée de compassion s'exerce en considérant que tous les êtres humains sont assujettis aux mêmes conditions que nous, qu'ils sont dans le même bateau, qu'ils sont soumis tout comme nous à la naissance, la maladie, la vieillesse et la mort. Cette pensée de compassion étant bien ancrée, l'équanimité est plus facile à exercer, et il devient impossible d'être volontairement nuisible à quelqu'un, de l'envier, de le manipuler, etc. L'idée que ce théâtre n'est qu'une illusion permet en outre de se libérer des effets égotiques de la compassion comme le sentiment d'en être l'auteur et la croyance d'en être récompensés.

Le théâtre social

Si l'on prend le mot « société » dans le sens plus restreint de théâtre social, le refus de ladite société a parfois un caractère égoïste : celle-ci ne nous donnant pas le confort ou la position espérée, ou encore n'étant pas conforme à notre idéal, nous la rejetons. Ce refus nous est souvent nuisible. La violence qu'il génère peut être réduite en travaillant sur soi, en abandonnant ce qui est égoïste et en retenant ce qui est altruiste. On peut néanmoins observer que beaucoup de refus d'apparence altruiste sont en fait égoïstes. Un individu organise par exemple une révolution libératrice dans le but plus ou moins conscient de s'asseoir ensuite sur le trône de la dictature.

Un problème est de voir la société comme une grande structure qui nous emprisonne. Qu'un prisonnier se révolte ou non, il sortira de prison au bout de sa peine, il risquerait même de rester incarcéré plus longtemps s'il s'en prend à ses gardiens.

L'acceptation signifie seulement « accepter comme étant la réalité du moment », on ne dénie pas la réalité, on la voit telle qu'elle est. On ne dit pas qu'une fenêtre est ouverte lorsqu'elle est fermée. Ici, l'acceptation ne consiste pas à « donner son accord », car cela ferait intervenir le « moi ». L'acceptation est une observation sans jugement, une simple observation du terrain dans lequel on vit, de nos tendances, et des situations qui viennent à nous. La montagne rend les déplacements difficiles, mais on ne se met pas en colère contre elle, on s'y adapte et on prend patience. Les conventions de la société pouvant rendre la vie très pénible, on doit pouvoir s'y adapter ou la transformer patiemment avec un esprit vaste, sans colère ni aveuglement. Accepter la situation ne consiste pas en une attitude fataliste, il s'agit d'une simple acceptation de la réalité, et ensuite tout ce que nous ferons ne prendra pas sa source dans une émotion perturbatrice, une énergie négative, mais dans la clarté de la situation elle-même.

Si par exemple on travaille dans une entreprise et que l'on n'apprécie pas son environnement, les collègues, la hiérarchie, il est inutile de se mettre à dos tout le personnel, il vaut mieux accepter provisoirement cet environnement tout en cherchant activement un autre job.

Dans une véritable observation, le processus de réaction est au repos. Les choses se font plus paisiblement. L'humour peut être très utile en cas de contrariété pour aider à prendre du recul. La plupart du temps, il semble que la phase d'observation soit trop courte, et que l'on tombe immédiatement dans la réaction.

L'acceptation principale est celle qui est liée au karma. Assumer son karma est un terme ambigu. Certains effets de notre karma passé sont positifs, d'autres négatifs. Autant il est facile d'assumer un karma positif (les dons, un bon relationnel, une vie agréable), autant le karma négatif (les mauvaises tendances, les situations difficiles, voire insupportables) pose problème car il nous fait souffrir. Cependant il existe divers moyens pour réduire la souffrance, comme la médecine, les pratiques de relaxation et les pratiques spirituelles. Un karma négatif peut également engendrer une tendance à répéter les actes négatifs du passé. Un travail sur soi permet de les éviter. Par exemple, une agressivité dans une vie précédente peut entraîner la même habitude dans la vie actuelle et amener à soi des situations dans lesquelles elle pourra s'exercer. Cette tendance nécessite d'en prendre conscience et d'effectuer un travail de compréhension puis une pratique plus profonde comme la méditation afin de la réduire puis de la supprimer totalement.

Chaque « société » est une étiquette que l'on accole à un théâtre particulier, utile sur le plan mondain. En ce qui concerne l'aspect intérieur, la bienveillance, la compassion et la lucidité sont des vues qui permettent de s'adapter à toute sorte de

« sociétés », sachant qu'elles sont impermanentes et vouées à disparaître, comme nous-mêmes.

L'illusion de la sécurité

L'identification à un concept accentue l'impression de permanence illimitée, à la façon des personnages de bande dessinée qui ne vieillissent pas au cours du temps. En plus de cette illusion liée à la nature fictive du concept, il en existe parfois une autre attachée à la représentation mentale. Ainsi le concept de « groupe », ou équivalent, donne un sentiment de sécurité, en alimentant l'idée de ne pas être seul, d'appartenir à un réseau de personnes aux comportements semblables, avec lesquelles les relations son facilitées (même culture par exemple), d'être protégé par la police et l'armée, toutes sortes de croyances incertaines, dépendantes et éphémères.

Prise de conscience de l'illusion

Si nous sommes conscients de toutes les illusions qu'il entretient, le concept de « groupe » (ou similaire) n'est plus capable d'influencer notre discernement, notre bien-être, d'augmenter nos afflictions, de nuire au chemin de sagesse, car l'esprit ne donne plus suite aux « scénarios » qu'il propose. Ressentir un trouble à propos d'un groupe auquel on appartient, peut signifier que l'on est en train de passer en mode croyance et même en projection égotique. Il suffit parfois d'entendre le mot, – non le terme « groupe » littéralement mais son équivalent dans un contexte particulier, par exemple : Amérique, tel syndicat, telle entreprise, tel club de bridge, telle association, la famille, etc. – pour se faire piéger et s'enliser dans un fourbi émotionnel complètement délétère. Il est important dans ce cas d'observer le côté illusoire du concept. En outre, dans la représentation mentale du concept de « groupe », notre relation conflictuelle avec un membre particulier peut à elle seule noircir le concept.

Groupe et tétralemme

La méthode du tétralemme commence à retirer le venin lié à un concept, sans empêcher son utilisation dans la vie quotidienne. On peut l'appliquer au concept de « groupe », en énonçant les quatre propositions suivantes :
(1) Le groupe est une illusion,
(2) Le groupe n'est pas une illusion,
(3) Le groupe est et n'est pas une illusion,
(4) Ni le groupe est une illusion ni il ne l'est pas.

Le terme « groupe » doit être remplacé par le nom du groupe que l'on désire traiter spécifiquement.

On réfléchit alors sur chaque proposition une par une, en utilisant l'intuition. Dans le cas où l'on ne se sentirait pas capable de passer directement à l'intuition, on peut s'aider du paragraphe ci-dessous consacré aux commentaires, sachant qu'il vaut mieux les remplacer par ses propres réflexions.

Placement de l'intuition

Avec notre intuition, nous posons l'esprit aussi longtemps que possible sur les certitudes 1 à 4, silencieusement, sans les commenter, puis nous nous concentrons sur l'ensemble des quatre propositions.

Commentaires

Proposition 1 : « Le groupe est une illusion. » Le groupe n'est qu'une étiquette posée sur des conventions liant un certain nombre de personnes. Le groupe ne sait pas qu'il est un groupe. C'est un concept dont la représentation mentale est une combinaison de croyances. Le groupe se fait et se défait au cours du temps, ses règles sont passagères. Le groupe est un composé, un ensemble constitué d'une certaine quantité d'individus. A l'extérieur, on ne voit pas de groupe mais des personnes que l'on peut parfois compter si elles ne sont pas trop nombreuses, et jamais ne peut-on désigner du doigt le groupe lui-même. Dans l'intériorité, on ne trouve rien de consistant qui ressemblerait à un groupe.

Proposition 2 : « Le groupe n'est pas une illusion. » Il est certain que nous vivons en groupe. Le plus petit groupe est la famille, puis vient l'entreprise, la ville, le pays, etc. Tous ces groupes existent d'une façon bien réelle, et l'incidence de ce concept sur nos vies prouve qu'il n'est pas une illusion. Supposons que l'entreprise dans laquelle je travaille fait faillite et que je me retrouve sans emploi. Il serait absurde de croire que cette entreprise n'était qu'une illusion, car grâce au salaire qu'elle m'octroyait que je faisais vivre ma famille.

Effets de l'examen du concept de groupe

Voir le concept de « groupe » pour ce qu'il est permet de garder son discernement, et de ne pas tomber dans les rets d'influences génératrices d'afflictions et de mal-être. À plus long terme, cette même compréhension permet de dépasser l'obstacle des concepts et d'entrer plus facilement dans des méditations libératrices.

◦ Moment 7

Nous sommes détendus et vigilants,
L'esprit totalement calme et relâché,
Dans le clair présent,
Unis à la pléiade d'êtres...

Nous demeurons dans l'intériorité.
Même l'extérieur est en nous...

Dans l'espace illimité,
Nous Imaginons des êtres éveillés,
Des êtres totalement libres de karma et de soi.
Ils sont là par milliards devant nous,
Derrière nous, au-dessus, en dessous,
Sur la gauche et sur la droite,
Ils sont partout...
Ils remplissent totalement l'espace,
En aussi grand nombre que les particules de l'univers.
Imaginons-les présents autour de nous,
Dans l'espace ni intérieur ni extérieur,
Si nombreux que nous ne pouvons les compter...

Leur compassion est sans limite.
Ils sont présents dans tous les azimuts...

L'univers entier est un puits d'éveillés,
Omniscients, délivrés de l'aliénation karmique.
Ils ont le pouvoir d'aider les êtres à s'affranchir
À devenir libres, tout comme eux...

Ces êtres qui emplissent l'infinité de directions de l'univers :
Le nord, le sud, l'ouest, l'est, le zénith et le nadir,
Et les indénombrables directions intermédiaires,
Sont des sources de bienveillance et de compassion
À l'égard de tous les êtres sensibles,
Autant de soleils et de lunes intérieures,
Dont nul ne peut supprimer l'éclat...

Ressentons leur présence infinie,
Leur bienveillance et le pouvoir de leur compassion.
Ils sont pleinement là, ils nous entourent,
Nous sommes convaincus de leur capacité à nous transformer...
Tandis que nous posons l'attention sur cet espace illimité,
Une joie imprègne notre esprit et notre corps.
Nous continuons à ressentir leurs bienfaits...

Nous éprouvons beaucoup de gratitude
Envers ces êtres totalement désintéressés.
Ils nous rappellent l'entière disponibilité
Et l'amour de nos parents,
Lorsque enfants, nous étions incapables d'autonomie...
Aussi nous éprouvons une immense gratitude
Envers ces incorruptibles bienfaiteurs...

Nous demeurons dans cette gratitude
Aussi longtemps qu'il nous est agréable…

La liberté

Collection d'opinions que le lecteur remplacera avantageusement par les siennes

Ce chapitre qui examine le sentiment de liberté, se consacre à la liberté intérieure et non à la liberté sociale. Pour illustrer la différence entre les deux, il suffit de constater qu'un individu peut se sentir libre dans une dictature et captif dans la démocratie la plus permissive. Qu'on le veuille ou non, le terme « liberté » agit en nous, et il imprègne notre état mental d'une luminosité particulière. C'est de cette liberté dont il est question dans ce chapitre, plus précisément lorsqu'elle est considérée comme un remède au mal-être, lorsqu'elle prend la forme d'une croyance portée au rang de fascination, l'espoir obstiné d'un bien-être futur définitif et sans contraintes.

Ce chapitre développe les points suivants :
- Vue dualistes
- Enquête
- La liberté en tant que non-liberté,
- Le paradoxe du concept de liberté,
- Les libertés imaginaires et partielles,
- La liberté et le mal-être,
- La déclaration des droits de l'homme,
- L'utilisation de la liberté,
- La liberté et la sagesse,

- Le tétralemme appliqué à la liberté,
- La métaphore de l'espace,
- Effets de l'examen de la liberté.

Vue dualiste

Le concept de liberté possède une très grande influence chez les personnes qui éprouvent une souffrance psychique dont ils voudraient s'affranchir. La liberté est un incomparable objet de motivation qui réside dans le royaume de l'espérance, de l'espoir, de la projection vers un futur idéal. Il semble convenu que dans ce pays mythique, tous les obstacles seront balayés, tout ira pour le mieux, le travail sera réjouissant, les gens aimables, les maladies guéries, etc. C'est bien ainsi que les choses se passent dans l'esprit dualiste à la seule évocation du mot « liberté », le temps d'une valse sur une étoile filante. Ensuite l'enthousiasme se complique et s'étrique jusqu'au prochain mirage.

Enquête

Cette enquête (La liberté... à Effets...) aborde le concept de liberté dans une perspective de bien-être et de sagesse. L'objectif est que le terme de liberté ne puisse plus nous aliéner par son venin ou faire de nous son esclave.

La liberté en tant que non-liberté

En général, lorsqu'un individu brandit la liberté au bout de son espoir ou de son idéal, il ne sait trop qu'en faire. Il entreprend des voyages, assiste à des spectacles, visite des musées, va danser, s'adonne à un sport, entre dans un club : il donne l'impression de se hâter d'élaborer un asservissement, une non-liberté, et il appelle liberté cette succession volontaire ou compulsive de non-libertés.

Paradoxe du concept de liberté

Le « moi », centre fictif pur produit de l'ignorance, n'est pas libre mais dépend du corps, des pensées, des concepts, des émotions, des ressentis, des sensations, de tout ce qui apparaît dans l'esprit. Lorsqu'on recherche la liberté, il est vraisemblable que l'on essaie principalement de sortir d'un mal-être, d'un sentiment de claustration ou d'impasse. Le véritable quête n'est donc pas dans la recherche de la liberté mais dans la suppression du mal-être. Or celle-ci, autrement dit l'obtention de la liberté, ne peut être totale parce qu'il existe un mal-être de base lié à la nature mondaine (samsarique) de la condition humaine. Une façon d'accroître sa liberté est de réduire la tyrannie du « moi » par la connaissance non duelle et l'ouverture la plus universelle possible.

Libertés imaginaires et partielles

Dans la vie courante, la liberté parfaite existe surtout dans l'imaginaire. Il semble que le concept de liberté soit vague, ses significations multiples, et qu'il soit difficile à concrétiser. Par contre, les libertés partielles sont légion. Lorsque que la scolarité est terminée, l'adolescent est libre d'école. Quand un détenu sort de prison, il est libre. Après leur divorce, les deux conjoints sont libres. À travers ces libertés partielles, il est facile de déceler le désir d'une liberté plus complète. Le souci réside en sa réalisation. L'esprit se remplit de la joie de cette liberté virtuelle qu'il n'a pourtant jamais expérimentée dans les faits.

Lorsqu'on se place sur le plan du développement de la sagesse, on peut trouver des libertés plus nobles, par exemple celle que l'on ressent lorsqu'on se rend compte qu'on a besoin de rien, qu'on a déjà tout, que tout est là, que rien ne nous manque. Alors il n'y a plus rien à désirer, et on est libre, totalement libre... jusqu'à la prochaine fringale. La pensée « je n'ai besoin de rien », dans la vie quotidienne, est cependant positive si elle permet de se passer du superflu et d'être moins nuisible aux êtres et à la terre.

L'esprit dualiste est soumis à des tendances, des habitudes positives, négatives ou neutres. Or, si on n'y prête pas attention, on pourrait appeler « liberté » la simple satisfaction d'une tendance. Ainsi, par exemple, un individu attaché à la cigarette peut y voir une liberté, et ressentir une frustration lorsqu'il se trouve dans un lieu où fumer est interdit. Pourtant l'addiction est une suppression partielle de liberté, puisqu'elle ne laisse même pas le choix de l'abandonner. Cette addiction est un attachement excessif à une habitude. Une manière de retrouver une liberté partielle par rapport aux addictions, sera donc de se libérer de l'attachement excessif. Cette méthode a l'avantage de supprimer toutes les addictions et de nécessiter aucune médecine. De plus, l'attachement excessif peut provenir d'un manque de bouée à laquelle s'agripper dans le maelström de la vie, et signaler un mal-être, la peur de l'esprit de rester seul dans sa nudité essentielle avec pour unique compagnon un sentiment d'insécurité.

Chaque fois que nous ressentons un manque de liberté, il est nécessaire de voir si nous ne sommes pas tout simplement sur le point de nous soumettre à une tendance au point de ne plus pouvoir nous en séparer (une drogue par exemple). Il y a plusieurs façons de résoudre le problème. On peut par exemple soigner une addiction qui commence à devenir nocive en supprimant les conditions de son apparition. C'est la méthode horizontale dont l'effet est temporaire. On peut également adopter une solution verticale* en se libérant du pouvoir des tendances par une pratique intérieure plus radicale. En supprimant seulement les conditions, celles-ci peuvent revenir. Et éliminer les conditions des conditions et ainsi de suite est un processus sans fin... Les deux méthodes sont complémentaires et peuvent se pratiquer simultanément.

Liberté et mal-être

La liberté n'est souvent qu'un slogan que l'on agite lorsqu'on ressent un mal-être. C'est une espèce de fuite en avant face à un sentiment d'impuissance à trouver le bonheur dans la stabilité. Lorsque nous sommes heureux, nous n'éprouvons aucun besoin de liberté. Quant aux personnes qu'on appelle à l'aide en cas de mal-être, elles peuvent nous consoler, en éliminer quelques conditions d'apparition, mais elles n'ont aucun pouvoir contre le mal-être lui-même qui existe justement parce que l'humain est soumis à des conditions, parce que son existence est conditionnée aussi bien dans la sphère sociale que dans son intériorité, parce qu'il naît avec un karma plus ou moins lourd à assumer. Comme il est impossible d'ôter toutes les conditions extérieures du mal-être, il est plus efficace de le traiter dans l'intériorité, à l'aide de pratiques libératrices.

La déclaration des droits de l'homme

L'article quatre de la « déclaration des droits de l'Homme et du Citoyen » stipule : « la liberté consiste à pouvoir faire tout ce qui ne nuit pas à autrui ». Il n'y est donc pas question de liberté intérieure au sens noble du terme, mais d'une liberté superficielle, celle qui apparaît lorsqu'on ferme la porte d'un placard pour en cacher l'intérieur où s'étagent pêle-mêle des germes malodorants.

La « déclaration des droits de l'homme » décrit une liberté purement sociale, qui consiste à pouvoir faire tout ce qui ne nuit pas à autrui. Hormis dans les cas extrêmes, on n'y considère pas la nuisance à soi-même, laquelle est pourtant la plus répandue. D'après ladite déclaration, il est permis de tout faire, à condition de ne pas nuire aux autres. C'est « ce permis de tout faire » qui est ardemment convoité dans le concept de liberté, mais un examen attentif permet de voir qu'il n'existe pas vraiment d'activités sans nuisance à autrui ou à soi-même. Une personne, sans l'intention d'être nocif, peut incommoder une autre par ses agissements, voire même sa seule présence. Par exemple se déplacer en voiture engendre de la pollution, planter un arbre dans son jardin peut importuner un voisin à l'idée de devoir ramasser les feuilles que le vent ne manquera pas de transporter chez lui à l'automne. Si on réfléchit aux actes qui jalonnent la journée, on est sûr d'y trouver quelques aspects nuisibles qui seraient passés à travers les mailles de notre vigilance.

Utilisation de la liberté

En admettant que nous ayons obtenu la liberté, il faut trouver comment l'occuper. On peut se dorer au soleil, faire le tour du monde, etc. Rien n'interdit de faire n'importe quoi, comme de boucher un trou que l'on vient de creuser, puis de recommencer encore et encore. La façon dont on utilise la liberté est très importante. En l'unissant à l'ouverture, à la générosité, à l'altruisme, on fera quelque chose d'utile à soi et aux autres, on aura transformé une illusion stérile en un acte positif. La seule liberté positive est celle qui permet l'épanouissement de la générosité.

Pour approfondir la notion de liberté, il faut trouver quel est le sujet qui aspire à cette liberté, quel est ce « moi ». Le terme « moi » remplace ici « esprit » ou « conscience » parce qu'il représente le sujet dans la dualité « sujet-autre » générée par l'esprit contaminé (l'aspect qui sépare), « autre » désignant les objets, les autres, l'extérieur, tout ce qui n'est pas le sujet. Ce « moi » (conscience partielle conditionnée et obscurcie) aspire à la liberté parce qu'il est insatisfait de son état. Au lieu de chercher l'origine de son aspiration en lui-même dans l'instant présent, il conçoit un futur fantasmagorique qu'il nomme du mot enchanteur « liberté ». S'il observait en lui la source de ce désir, il verrait qu'elle se trouve dans une pensée. Il pourrait également réaliser qu'il n'est pas cette pensée, mais qu'elle vient le détourner de ce qu'il est vraiment. Il n'est pas nécessaire de méditer longtemps pour constater que nous ne sommes pas la pensée, que nous ne sommes pas cette aspiration, qu'elle arrive comme un parasite au milieu de notre silence intérieur. Cette aspiration apparaît en dépendance d'une multitude d'insatisfactions, comme une réaction conditionnée, une espèce de mécanisme qui s'impose au détriment de notre paix naturelle. Pour atteindre la liberté authentique, il est donc nécessaire de « se libérer de celui qui veut atteindre la liberté ».

Cette proposition peut prêter à confusion. Il ne s'agit pas d'emprisonner ceux qui aspirent à la liberté, comme dans les dictatures. Ici l'action se passe entre soi et soi. Il n'y a rien d'extérieur, de familial, de social, de politique. C'est de cet aspect intérieur, appelé « moi », qui s'identifie à une pensée, ou comme ici à une aspiration, qu'il faut se libérer, et comme ce « moi » est encore moins capable de s'affranchir de lui-même que de ses ramifications (les pensées, les concepts, etc.), l'esprit doit effectuer ce travail en dehors de lui par des méditations appropriées.

Liberté et sagesse

Dans la sagesse, qui agit en tant que compassion universelle, les concepts « moi », « autrui », « liberté » ne sont plus significatifs. Un esprit dualiste pourrait cependant suspecter la sagesse de manquer de liberté, faute de pouvoir imaginer ce qu'elle est réellement. Pour lui, elle semble même éliminer la liberté, puisqu'elle apparaît comme une soumission absolue à la bienveillance - compassion, à l'obligation de faire le bien à autrui, ce qui peut paraître ennuyeux à la longue.

La sagesse est comme l'océan, le conditionnement comme la vague. La vague peut nuire à une autre vague, mais l'océan ne peut nuire à lui même. La sagesse est comme un miroir, elle reflète les choses sans subir leur influence. Rien ne peut lui enlever sa liberté. Ne saisissant pas de « soi », elle ne contient aucun sujet susceptible d'être perturbé. Contrairement à la conscience égotique, elle embrasse tous les phénomènes simultanément, et il n'y a pas de sentiment de manque...

Liberté et tétralemme

Le concept de liberté peut être traité par le tétralemme. Voici les quatre propositions qui doivent être acceptées par l'intuition :

(1) La liberté est le remède au mal-être
(2) La liberté n'est pas le remède au mal-être
(3) La liberté est le remède au mal-être et elle ne l'est pas
(4) Ni la liberté est le remède au mal-être ni elle ne l'est pas

On réfléchit alors sur chaque proposition une par une, en utilisant l'intuition. Dans le cas où l'on ne se sentirait pas capable de passer directement à l'intuition, on peut s'aider du paragraphe ci-dessous consacré aux commentaires, sachant qu'il vaut mieux les remplacer par ses propres réflexions.

Placement de l'intuition

Avec notre intuition, nous posons l'esprit aussi longtemps que possible sur les certitudes 1 à 4, silencieusement, sans les commenter, puis nous nous concentrons sur l'ensemble des quatre propositions.

Commentaires

Proposition 1 : « La liberté est le remède au mal-être. » Pour être bien dans ma peau, il est indispensable que je me sente libre de mes déplacements, de mes opinions, de mes activités, de mes fréquentations. La liberté est toujours préférable aux contraintes génératrices de mal-être. Je ne puis concevoir une vie sans liberté. Dès que je me sens libre, je vais bien. Réciproquement, lorsque je me sens mal, je m'échappe dès que possible.

Proposition 2 : « La liberté n'est pas le remède au mal-être. » Si je blesse quelqu'un dans l'exercice de ma liberté, je suis nuisible envers lui. Si je désire une liberté totale, très vite je supprimerai à d'autres une partie de leur liberté. Si je suis libre d'être en colère, je puis faire des ravages autour de moi. Si je fais un vacarme en pleine nuit, j'empêche les voisins de dormir alors qu'ils doivent se rendre tôt au travail le lendemain. Toutes ces nuisances aux autres ne font qu'augmenter mon mal-être, par retour de nuisance, sentiment de culpabilité, etc. C'est mon égocentrisme soumis à diverses tendances qui désire cette liberté. Je sais qu'en suivant toutes mes tendances, je n'arriverai pas à construire une vie utile et sensée. Certaines libertés sont positives, mais pas toutes et pas à tout moment. Aussi je suis convaincu que la liberté n'est pas le remède au mal-être.

En outre ce concept de liberté n'a pas d'existence propre ni de substance, il surgit opportunément comme une réponse générale à mon mal-être, et pourtant il n'est qu'une utopie.

Conclusion

En conclusion, la technique du tétralemme procure un sentiment d'ouverture. C'est comme si on était libéré de toute une chaîne d'à priori, on se sent plus libre, dans le sens d'un esprit plus vaste.

Métaphore de l'espace

Si nous n'avons aucune idée de ce qu'est la liberté, nous pouvons nous interroger sur l'espace vierge, et nous demander s'il est libre. L'espace n'a aucune limite dans aucune direction. Il n'est obstrué par aucun obstacle. Représentons-nous au sommet d'une montagne devant un ciel vaste, clair et dégagé. N'y-a-t-il pas de plus magnifique image de la liberté ? Nous pouvons à présent imaginer que nous sommes nous-mêmes cet espace, que nous n'avons pas de limites, qu'aucune obstruction ne nous perturbe. Avons-nous besoin de liberté, ou bien sommes-nous cette liberté ?

Effets de l'examen de la liberté

La compréhension que la liberté n'est qu'une illusion, est apaisante en ce sens que nous arrêtons nos efforts pour poursuivre cette utopie. À plus long terme, la compréhension de l'aspect illusoire de la liberté permet de réduire notre attachement au mondain (samsara) et de consacrer plus de temps à des pratiques libératrices.

○ Moment 8

Nous demeurons dans le présent,
La conscience en elle-même.
Nous pouvons fermer les yeux,
Savourer le calme dans notre corps,
Et la tranquillité dans notre esprit...

Imaginons des milliards d'êtres éveillés
Dans chaque atome de l'univers...
Dans chaque particule, une multitude de bouddhas.
L'univers contient une infinité de ces êtres totalement réalisés
Qui nous envoient leurs bienfaits,
Ainsi qu'à tous les êtres sensibles...

Il n'est pas un seul atome dans l'univers
Qui ne contienne une pléiade d'êtres victorieux.

La matière est entièrement imprégnée de leur présence
Accueillante et purificatrice,
Toute la matière, solide, liquide ou gazeuse...
Savourons leur présence chaleureuse
Dans l'intégralité de l'univers matériel,
Et acceptons avec gratitude leur don de purification...

Nous ressentons l'océan de leur présence,
L'océan transparent de leur puissance purificatrice.
Nous nous sentons entièrement immergés dans leur claire immensité...

Chaque atome renferme tous les univers...
Imaginons devant nous un tel atome.
L'infiniment petit contient l'infiniment grand.
Petit ou grand : une illusion célèbre.
L'être n'est pas mesurable.
Aussi nous demeurons sans rien évaluer,
Seulement naître au large,
S'ouvrir au sans limites,
Être simplement le large
Ici et maintenant...

Demeurons dans l'essence des choses
Aussi longtemps qu'il nous plaira...

INTERROGATIONS SUSPENDUES – CAHIER N°1

Le temps

Collection d'opinions que le lecteur remplacera avantageusement par les siennes

Ce chapitre examine la relation entre le temps et le mal-être. Seront envisagés le temps de l'horloge, le temps ressenti, le temps du karma, celui du souvenir et le temps dans la méditation. Parmi tous les types de temps, il y en a deux que nous côtoyons quotidiennement : le temps de l'horloge, lié au système sensoriel, et le temps ressenti ou subjectif, produit par l'esprit dualiste.

Ce chapitre aborde les sujets suivants :
- Vue dualiste
- Enquête
- Le temps de la manifestation,
- Le temps de l'horloge,
- Le temps ressenti,
- Les états d'esprit liés au temps ressenti,
- Le temps ressenti et la souffrance,
- Le temps du souvenir,
- Le temps du karma,
- Le temps dans la méditation,
- Effets de l'examen du temps.

Vue dualiste

Nos journées sont rythmées par le temps. Nous disposons d'agendas, de montres, d'horloges, de réveils. En général, nous ne faisons pas attention au temps, sauf lorsque nous sommes en attente, que nous nous ennuyons, que nous sommes engagés dans une compétition… Bien que le temps soit invisible, l'esprit dualiste le considère comme une certitude. Même si l'on s'efforce d'oublier le temps, le corps se dégrade et finit par se décomposer, par pourrir en terre ou se transformer en cendres.

Enquête

Cette enquête (Le temps de… à Effets…) aborde la notion de temps dans une perspective de bien-être et de sagesse, l'objectif étant que le concept de temps ne puisse plus nous aliéner par son venin ou faire de nous son esclave.

Le temps n'existe qu'en dépendance d'autres phénomènes. Il est lié en particulier au mouvement, au changement, au rythme, aux cycles. Ce sont d'ailleurs les changements qui suscitent le sentiment qu'un temps existe.

Le temps de la manifestation

Dans la manifestation (l'ensemble des apparences élaborées par les cinq sens et le mental) à l'échelle humaine, la perception du monde, des paysages, des sons, etc. change d'un instant à l'autre ; les images, sons et autres phénomènes se succèdent. Le paysage peut nous paraître immobile, puis soudain un oiseau prend son envol devant nos yeux. Autres changements continuels : le rythme respiratoire et les battements du cœur... Les changements peuvent être lents ou rapides, mais ils consistent toujours en une succession de phénomènes. À l'échelle de la perception humaine, la majeure partie des changements paraissent continus, tandis qu'à l'échelle infinitésimale, les successions sont trop rapides pour être perçues pas l'homme. Les « instants » considérés par les physiciens de l' « infiniment petit » sont extrêmement courts. Par contre, à l'échelle du système solaire, les rythmes sont plus lents et perceptibles par l'alternance du jour et de la nuit ainsi que par les saisons. À l'échelle de l' « infiniment grand », les successions ne sont plus visibles dans la lucarne de la perception humaine.

Le temps de l'horloge

Le temps de l'horloge est un temps lié à la manifestation qui tient compte des phénomènes répétitifs, c'est-à-dire des cycles. Inconsciemment, le temps de l'horloge nous semble absolu, il règle le rythme des saisons, des jours, la fréquence des phénomènes ondulatoires, etc.

Quand nous prenons le train, nous faisons appel au temps de l'horloge pour arriver à l'heure à la gare, déterminer la durée du trajet et prévoir l'heure d'arrivée. Notre corps, en tant que support pour le voyage, lui est soumis. De même la science physique, la biologie, l'histoire, etc. prennent pour base le temps de l'horloge. Ce temps se révèle à nous à partir du système sensoriel, c'est-à dire dans une réalité extérieure comme la rotation de la terre, la révolution des planètes, les horloges atomiques, etc. On parle ici d'une révélation par le système sensoriel dans le sens que la réalité extérieure, sommairement les couleurs, l'intensité lumineuse, le son, les saveurs, les parfums et la résistance tactile, tire sa légitimité existentielle du système sensoriel.

Puisque le temps de l'horloge est neutre pour ce qui concerne la libération du mal-être, il n'est pas traité dans ce cahier. Cependant, on peut noter qu'il est considéré comme linéaire dans la vie courante, et qu'on le conceptualise graphiquement par un axe découpé en segments d'égale longueur (par exemple en secondes), projetant du même coup la dimension temporelle dans la dimension spatiale, ce qui peut donner l'illusion d'une maîtrise et même d'une compréhension.

Le temps ressenti

Pour faire l'expérience du temps ressenti, il suffit de regarder un décor immobile, en ne pensant à rien. Au bout d'un moment, on trouvera le temps long : cette impression est du « temps ressenti ». Celui-ci est variable, élastique, soumis aux préoccupations, aux sautes d'humeur, etc. Il est le temps expérimenté par l'esprit dualiste et diffère en fonction des préoccupations. Si nous prenons le train, nous faisons bien appel au temps de l'horloge pour planifier notre trajet, mais en parallèle, nous sommes soumis intérieurement à un autre temps, le temps ressenti, si bien qu'un voyage qui se déroule bien, sans que nous tombions dans l'ennui, nous fait dire que « nous n'avons pas vu le temps passer ».

Le temps ressenti ou subjectif, élaboré par l'esprit dualiste, est une illusion qui demande à être traitée, car il peut devenir la source de souffrances et d'afflictions. Par exemple, nous avons un rendez-vous, la personne attendue n'arrive pas et nous nous mettons en colère.

États d'esprit liés au temps ressenti

Le temps ressenti intervient dans l'ennui, l'espoir, la crainte, l'inquiétude, l'appréhension, l'attente, le désir, la soif, l'expectative, etc. Parmi les éléments de cette liste, c'est dans l'ennui qu'il apparaît de la façon la plus pure.

Dans l'ennui, il n'y a pas vraiment de pensée formelle, mais une sensation désagréable liée au temps qui s'écoule sans le moindre événement pour nous divertir. Par facilité nous pouvons supprimer notre ennui par une activité qui sera souvent artificielle et superflue, mais il est plus instructif de regarder de plus près ce qu'est l' « ennui ». Lorsque nous prenons conscience que nous nous ennuyons, nous commençons à observer la conscience qui s'ennuie, c'est-à-dire le sujet (intérieur) victime de l'ennui, nous la recherchons quelques instants, par exemple au moyen de la question : « qui s'ennuie ? » sans aboutir à une réponse conceptuelle, mais en demeurant dans une posture interrogative... Celui qui s'ennuie est aussi illusoire que l'ennui lui-même. S'ennuyer est le signe que l'on est entré dans la dualité, que l'on s'est écarté de l'être pour devenir un observateur.

Dans le sentiment de crainte, nous pensons à une situation à venir que nous ne souhaitons pas. Le plus souvent, il s'agit d'un événement précis situé dans le futur, par exemple dans le cas d'un étudiant le passage d'un examen important pour son avenir. L'émotion de crainte est plus désagréable que celle de l'ennui, puisqu'il s'y ajoute la projection d'un risque de nuisance pour soi-même. Un « futur horloger » seul n'engendrerait pas d'émotion, mais il s'agit ici d'un futur ressenti, totalement produit par une projection imaginaire.

Dans le sentiment d'espoir, nous pensons à un futur souhaité. En général, il s'agit d'un événement précis du futur, comme dans le cas d'un sportif l'espoir de gagner une compétition importante pour la suite de sa carrière. L'émotion d'espoir est plus agréable que celle de la crainte, mais elle génère toutefois une tension. S'il n'y avait qu'un « futur horloger », il n'y aurait pas d'émotion, mais il s'y est ajouté un futur ressenti totalement fabriqué par le mental.

Temps ressenti et souffrance

Dans l'état ultime, libre de karma, le temps subjectif n'existe plus, tandis que dans l'état dualiste, il existe bien, et il se manifeste par intervalles sous l'aspect d'une souffrance. Il crée une espèce de tension dont on se sert par exemple dans les films à suspense pour laisser le spectateur dans le mal-être du doute jusqu'au moment où la clef du mystère est révélée. Le spectateur ne se rend pas toujours compte que le temps subjectif est un bandit très subtil toujours présent en mode dualiste et nourri par les manques, les désirs, les espoirs et les craintes. Ce temps peut entraîner de l'agitation, une hyperactivité, la consommation de drogues, des besoins inutiles, etc.

Lorsque nous nous posons une question, nous attendons une réponse spontanée, nous sommes conditionnés ainsi. Si la réponse tarde, nous commençons à éprouver une certaine tension, un mal-être qui ne s'achèvera qu'à l'avènement de la réponse. Dans l'ennui, le temps subjectif agit comme une pensée vide de contenu qui a la faculté de bloquer la lucidité, de diluer l'esprit dans une espèce de torpeur affligeante.

Ce temps ressenti est une illusion dont on se libère en délivrant notre esprit du mode de fonctionnement dualiste. L'une des solutions est la méditation ; cependant quelques réflexions peuvent aider... L'espace étant vide, personne ne serait tenté de le saisir, de se l'approprier, car il n'y a rien en lui à quoi s'accrocher, rien à désirer. On s'approprie les objets contenus dans l'espace, mais non l'espace lui-même. De la même manière, le temps ressenti est vide et ne peut être saisi. On se l'approprie sous la forme d'une crainte, d'un espoir, d'un ennui, etc. Au lieu de considérer ces émotions comme réellement existantes, il est préférable de les voir comme de simples surimpositions égotiques, comme des projections imaginaires totalement vides de réalité. Plus précisément, ce n'est pas l'objet de la crainte (de espoir, etc.) qu'il est nécessaire de contempler mais la crainte elle-même dans son rayonnement, jusqu'à sa disparition qui adviendra naturellement si nous ne tentons pas d'intervenir.

Le temps du souvenir

Le temps du souvenir est le temps ressenti qui intervient lorsqu'on fait appel à la mémoire. Par exemple, quand un retraité repense à sa carrière professionnelle, elle lui semble parfois s'être déroulée en un instant. C'est l'impression que donne un regard global sur ce souvenir. Cependant, il est possible de se munir d'une loupe temporelle, de regarder un événement particulier de sa vie et d'y ressentir une certaine durée. Le temps du souvenir est très élastique.

Ce temps est une illusion qui peut créer une dépendance, et maintenir dans l'existence dualiste, notamment lorsque le souvenir fait l'objet d'un regard émotionnel. Par exemple, la perte d'un conjoint dans un couple fusionnel peut amener le survivant à s'engager dans un scénario illusoire élaboré à partir d'événements anciens, et le conduire à passer le restant de sa vie dans l'imaginaire. L'affliction en jeu dans ce cas est l'attachement excessif, mélange d'appropriation et d'ignorance, qui dénie l'impermanence des relations humaines.

Le temps du karma

Le karma jette un pont vers le futur, nous obligeant à assumer les effets de nos actes dans cette vie ou dans une existence à venir. Il jette un pont, et c'est ce pont qui est nommé ici le temps du karma. Ce temps karmique dure depuis l'acte générateur d'empreintes karmiques jusqu'à l'instant où l'effet karmique se produit, c'est-à-dire lorsque toutes les conditions sont réunies pour cela. Les conditions dépendant de conditions, elles-mêmes de conditions, et ainsi de suite, le temps entre la cause et l'effet peut être bref ou immensément long à l'échelle du temps horloger, et le processus est encore compliqué par le fait que les empreintes karmiques se combinent entre elles. En général, nous subissons le temps karmique sans en être conscients.

Un karma passé arrivant à maturité dans la vie actuelle nous pousse à accomplir certaines expériences et à vivre certaines situations. Nous ne sommes pas conscients du temps qui s'est déroulé entre la cause dans une vie passée et l'effet dans cette existence.

Le temps karmique disparaît quand toutes les empreintes karmiques ont été éliminées, quand toutes les causes de devenir sont épuisées.

Le temps dans la méditation

Il arrive que l'on éprouve de l'ennui dans la méditation, et cet ennui, lié au temps ressenti, signale que nous sommes tombés dans l'esprit dualiste : il y a l'ennui et le sujet qui s'ennuie. L'ennui n'est pas vraiment un objet, mais il est vu comme extérieur, comme un fardeau plus ou moins douloureux posé sur le « moi ». C'est une affliction, une sorte d'impatience qui peut être classée dans la catégorie de l'aversion puisqu'on a tendance à le rejeter, et dans celle de l'attachement en raison du désir de voir surgir un phénomène capable de combler le manque qu'il produit. Cet ennui peut être géré comme une pensée. Dès que l'on en prend conscience, on revient à l'attention. Dans des pratiques plus avancées, on cherche la nature de cet ennui. Après quoi, il devient évident que le temps ressenti n'est qu'une illusion dualiste.

Effets de l'examen du temps

La compréhension de l'aspect illusoire du temps ressenti permet de réduire l'ennui, les craintes et les espoirs, et ainsi de s'assurer un meilleur bien-être. Sachant que tout projet où nous nous impliquons initie un temps karmique, nous sommes plus attentifs à la façon dont nous nous identifions émotionnellement pendant son élaboration. La compréhension que le temps, l'ennui, l'espoir et la crainte sont des illusions permet de réduire les afflictions en rapport avec eux, d'alléger le karma, et de persévérer avec moins d'obstacles dans la direction de la sagesse. La compréhension nécessaire demande plus de profondeur que la compréhension mondaine ; elle ne libère pas en elle-même mais peut fournir une étape vers la connaissance non duelle. La compréhension profonde provient d'une réflexion maintes fois répétée, sans distraction, avec un esprit recueilli.

◦ Moment 9

Nous sommes détendus et sans soucis,
L'esprit totalement ouvert...

Nous allons maintenant entrer plus profondément en nous...

Continuons de lire le texte paisiblement,
En une claire compréhension,
Comme si nous cherchions à découvrir...
Tandis que nous lisons, en écoutant les mots pensés,
Une grande part de notre conscience se dirige vers elle-même,
Vers la spacieuse maison intérieure...

Peu importe le spectacle des rues,
Le brouhaha des marchés et machines...
Ici ni murs, ni paysages, ni cris, ni parfums,
Ni saveurs, ni touchers, ni substances...
Seuls des contacts, des ressentis,
Aussi insaisissables que les reflets d'un miroir...

C'est comme si nous pensions « qui suis-je ? »,
Et laissions la question envahir d'elle-même
L'immensité sans mesure...
Notre conscience repose en elle,

Sur le lit fait de sa nature,
Avec son propre tissu de vide illuminant.
Elle repose sans s'assoupir, lucide et apaisée...

Avec notre conscience tournée vers l'intérieur,
Avec l'œil de l'esprit, fait d'attention profonde,
Nous voyons ce que nos yeux ne peuvent observer...
À l'abri du décor projeté par les sens,
Il est bien là, panoramique, tel une présence,
Mais il ne nous affecte pas...

Recourons maintenant à l'œil de l'esprit,
Et déposons une conscience de calme dans notre corps...

Une neige de douceur se pose lentement
Avec tranquillité, flocon après flocon,
Sur chaque cellule de notre corps :
Ressentons cette paix qui nous imprègne...

Demeurons dans cette tranquillité du corps
Aussi longtemps qu'il nous est agréable...

L'instant

Collection d'opinions que le lecteur remplacera avantageusement par les siennes

Ce chapitre examine la nature de l'instant d'un point de vue dualiste puis au moyen d'une enquête approfondie, le but étant de réduire les afflictions liées à la saisie des instants passés, de l'instant présent et des instants futurs.

Ce chapitre aborde les sujets suivants :
- Vue dualiste
- Enquête
- Qu'est-ce que l'instant ?
- Vivre dans l'instant,
- L'énigmatique continuité des instants,
- L'impossible saisie de l'instant présent,
- Le présent dans la méditation,
- La question de la durée de l'instant,
- Spéculations sur la durée de base de l'instant,
- La subjectivité de la notion d'instant,
- Confusions à propos du concept d'instant,
- Effets de l'examen du concept d'instant.

Vue dualiste

L'instant peut signifier une durée très brève, comme dans l'expression : « Je reviens dans un instant ». L'instant présent peut faire référence au laps de temps que l'on est en train de vivre, mais il arrive qu'il est considéré comme une frontière sans épaisseur entre le passé et le futur. L'instant intervient également dans l'expression « vivre dans l'instant » avec le sens de ne pas se préoccuper des soucis du passé et des craintes relatives à l'avenir.

Enquête

Cette enquête (Qu'est-ce que... à Effets...) aborde le concept d'instant dans une perspective de bien-être et de sagesse. L'objectif est que le terme « instant » ne puisse plus nous aliéner par son venin ou faire de nous son esclave.

La série de questionnements qui constitue cette enquête est destinée à montrer l'impossibilité pour l'esprit conceptuel d'appréhender pleinement la notion d'instant...

Qu'est-ce que l'instant ?

Nous ne savons pas ce qu'est un instant et pourtant il fait partie de notre vie. Il y a d'une part le sentiment du temps (le temps ressenti) et d'autre part le sentiment de l'instant, une espèce de segment de courte durée dans la ligne du temps. L'instant change toujours et ne peut être saisi. C'est un nom que l'on associe au plus petit changement de la manifestation (l'ensemble des apparences), cet « atome » de changement étant d'ailleurs très variable et très subjectif. Il est notre unité de perception des phénomènes dans le sens que lorsqu'un phénomène s'efface au profit d'un autre, il y a changement d'instant.

Vivre dans l'instant

L'expression « vivre dans l'instant ! » souvent véhiculée dans des « confidences » médiatiques, n'est pas aussi claire qu'elle n'y paraît. Ce slogan qui semble indiquer la possibilité de vivre autrement qu'en pensant aux soucis passés et aux craintes ou espoirs futurs, est souvent interprété comme une invitation à s'engager dans ses passions immédiatement, pour être sûr de les expérimenter avant la mort, car il n'est pas du tout certain qu'on puisse le faire après, surtout qu'on ne sait rien de ce qui se passe en aval de la destruction du corps et qu'on se limite souvent à des croyances ou non croyances ornées d'arguments plus ou moins convaincants. Cette réaction extrême est plutôt le signe d'un désespoir, car il ne semble pas qu'il y ait un besoin urgent de s'exciter lorsqu'on est heureux.

Il y a cependant sur le « vivre dans l'instant » une autre opinion, plus paisible, qui consiste non pas à s'aveugler dans des bouillonnements capricieux, mais à s'impliquer, sans se disperser, dans la situation présente, quelle qu'elle soit. La méditation est également une façon de vivre dans l'instant, hors des préoccupations du passé et du futur, à la différence que dans le premier cas on se laisse distraire par les pensées, contrairement à la méditation où l'on exerce sa vigilance.

La volonté de revivre un instant, une rencontre, un événement, une grande joie du passé, peut entraîner des déceptions et des remords, et pourtant cet instant n'a plus aucune réalité.

L'énigmatique continuité des instants

Un instant s'efface au profit de l'instant suivant de façon régulière, sans entrer en conflit avec lui ni le détruire. Il y a une continuité entre les instants. Les instants se suivent, mais il est impossible de les isoler, de les distinguer. Soit les instants sont trop courts pour qu'on puisse les discerner individuellement, soit ils ne sont pas isolés les uns des autres, et ce serait la raison pour laquelle on ne voit pas leur frontière. On pourrait envisager que l'instant est très souple, qu'il n'obéit pas à la logique commune, ou que le concept d'instant n'est pas pertinent. On peut également imaginer que les instants ne sont que des « éclairs », et que leur apparente continuité est assurée par une sorte d'intégration (au sens mathématique du terme) au niveau conceptuel.

L'impossibilité de saisir l'instant présent

Bien que nous sachions que l'instant présent est là, puisqu'on y est et qu'on ne peut en sortir, il est impossible de le saisir puisque dans le meilleur des cas on pointe l'instant qui vient juste de passer.

Lorsqu'on cherche l'instant présent, on ne le trouve pas. On peut se souvenir du dernier instant passé mais non de l'instant présent. L'examen de la manière dont on le cherche révèle une dualité entre le chercheur et l'objet de recherche. Or l'instant n'étant pas un objet, ce type de recherche n'est pas valide. Par contre, si on abandonne cette dualité, si on lâche prise, on peut considérer que l'on est dans l'instant présent. Lorsqu'on demeure dans l'instant présent sans être perturbé par une pensée, on n'a pas l'impression d'être dans un temps, d'être assujetti à une durée. C'est tout à fait autre chose. C'est comme si le temps s'était transformé en un espace sans contrainte. On ne sait pas ce qu'est devenu l'instant.

On est toujours dans l'instant présent sauf lorsqu'on essaie de le saisir, puisque alors on saisit le concept de l'instant présent (un objet mental) et non l'instant réel.

Le présent dans la méditation

Pendant la méditation, le présent est toujours là, immuable. Ceci se réalise quand notre esprit est au repos, quand il n'est pas perturbé par des pensées, des émotions, des sensations, des souvenirs, des images… Si on abandonne la conscience de soi, on est le présent puisqu'il n'y a rien d'autre. Qu'est alors devenu l'instant ?

La question de la durée de l'instant reste sans réponse.

Si on se pose la question de la durée de l'instant, on est très embarrassé car on ne peut la définir. Il n'appartient donc pas au temps de l'horloge, au temps mesurable. Subjectivement, il peut durer quelques secondes ou le temps d'un claquement des doigts. L'instant mathématique n'a pas de durée, il est le concept d'un point sur la ligne imaginaire du temps.

On peut diviser l'instant en autant de parties que l'on souhaite, on n'arrivera jamais à l'instant de base indivisible. Le processus est le même que lorsqu'on découpe l'espace. Autrement dit, si on part d'une courte durée, par exemple un dixième de seconde, et qu'on la divise un nombre « incalculable » de fois, on ne tombera jamais sur l'instant, on restera dans une durée, fût-elle « infiniment » courte.

Spéculations sur la durée de base de l'instant

En raison de la quantification de la manifestation, on pourrait définir la durée de base comme le pas de l'horloge qui déclenche séquentiellement chaque tranche de la manifestation d'un univers. Cette durée serait infiniment petite. Elle peut être calculée à partir d'hypothèses, mais sans véritable garantie. Cette horloge cosmique serait une cause de la quantification de la manifestation, laquelle n'évolue qu'au rythme de cette horloge et non de manière continue, un peu comme dans une projection cinématographique. La durée de base répondant à cette définition existerait à une échelle bien trop petite pour être appréhendée par le mental.

Subjectivité de la notion d'instant

L'instant en tant que courte durée a été étudié dans le chapitre consacré au temps, il fait partie du temps subjectif, du temps ressenti. L'instant en tant que limite entre le passé et le futur ne peut être saisi par l'esprit dualiste. Un instant passé est lié à l'illusion mémorielle soumise aux attachements et aversions, et un instant futur est une virtualité conceptuelle soumise aux afflictions d'espoir et de crainte.

Confusions à propos du concept d'instant

Lorsque dans la vie courante on parle d'instant, on se réfère à une durée très courte. Il existe aussi un instant qui n'est qu'un point sur une ligne droite, il s'agit alors d'un concept déconnecté de la réalité. Lorsqu'on pense vivre dans l'instant présent, on ne fait souvent que se soumettre aux tendances du passé qui viennent maintenant à maturité. Lorsqu'on est dans « l'instant présent », la durée n'intervient plus, on est dans l'être, ou du moins dans quelque chose qui lui ressemble mais qui ne l'est pas, puisqu'il y a toujours cette conscience de soi, ce miroir. Lorsqu'on est véritablement dans l'instant présent, il n'y a plus d'instant ni de temps ni de conscience de soi.

Effets de l'examen du concept d'instant

Comprendre que l'instant est insaisissable permet de ne pas l'appréhender comme une réalité, d'éviter beaucoup de déceptions et de faux espoirs, et d'accroître son bien-être. À plus long terme, l'espoir et la crainte étant liés à la saisie de l'instant, ne pas saisir émotionnellement l'instant passé, présent ou futur permet d'avancer sur le chemin de sagesse.

Moment 10

Demeurons dans notre intériorité,
Profondément, plus profondément…
Tout le corps se calme,
Et l'esprit également…

Dans l'expérimentation du perçu intérieur,
Il n'y a rien à voir à la manière des yeux,
Rien à entendre de la façon des oreilles,
Il n'existe que des ressentis, des contacts, des sensibilités,
Parfois des douleurs, légères ou plus marquées.
On y trouve également de l'espace, de l'opacité, de la clarté…
L'œil de l'esprit explore un territoire de ressentis,
Une vaste contrée immatérielle.
C'est là que nous demeurons,
À l'abri des sirènes extérieures…

Posons-nous dans l'observation de la tranquillité,
Et gardons l'œil de l'esprit amicalement ouvert…
Recueillons-nous dans cette conscience de calme,
Préservés de la vue, de l'ouïe, de tout le sensoriel…

Ressentons le calme dans le corps,
L'espace majestueux et protecteur…

Nous restons en nous, nous demeurons en cela,
Avec cette confiance prête au lâcher prise,
Et cette assurance qui élimine spontanément
Le doute et la profusion de pensées…

Ainsi nous restons tranquilles,
Aptes à nous observer sans artifice,
Avec la vue pénétrante de l'œil de l'esprit,
Prêts à connaître directement ce que nous sommes,
Sans passer par les détours des sens et des concepts…

Voyons l'espace et le calme, sans y poser le moi.
Notre corps est un océan de tranquillité,
Sans tensions ni vagues, agréable et chaleureux.
Savourons totalement ce calme…

Nous demeurons ainsi autant qu'il nous est possible…

L'espace

Collection d'opinions que le lecteur remplacera avantageusement par les siennes

Ce chapitre décrit l' « espace » selon le point de vue dualiste, et examine les inconvénients de cette vue dans le cheminement vers le bien-être et la sagesse.

Il aborde les sujets suivants :

- Vue dualiste
- Enquête,
- Comment l'espace existe-t-il ?,
- L'espace extérieur et l'espace intérieur,
- L'espace et le temps,
- L'espace et la méditation
- Effets de l'examen du concept d'espace.

Vue dualiste

Pour l'esprit dualiste, il est facile de croire en l'existence de l'espace, puisqu'il est là, tout autour de nous, sans doute invisible et sans consistance, mais il est là, on ne peut le toucher, mais il est là. Il n'existe qu'en tant que contenant de toutes les apparences. L'une des preuves de son existence est que les corps peuvent s'y déplacer, même dans une nuit noire. L'esprit dualiste croit en un espace extérieur, alors que les choses ne lui paraissent pas aussi limpides, s'agissant de l'intériorité.

Pour lui, il existe un espace extérieur avec des champs, des arbres, des maisons, des routes, des voitures, des villes, des êtres vivants, de beaux paysages, etc. À l'intérieur il y a un « mental » qui contient des images, des pensées, des souvenirs, etc. Ce mental ressemble à un espace, si ce n'est qu'on ne peut y déplacer son corps ou un objet concret. Si l'existence d'objets entraîne logiquement l'existence d'un espace extérieur qui les contient, il doit également exister un espace intérieur, du moins un lieu, dans lequel se projettent les images et les pensées. Pour les uns, cet espace est dans le corps, pour d'autres il réside dans une autre dimension, etc. Certaines personnes reconnaissent qu'elles n'en savent rien.

Enquête

Cette enquête (Comment l'espace... à Effets...) aborde le concept d'espace dans une perspective de bien-être et de sagesse, l'objectif étant qu'il ne puisse plus nous aliéner par son venin ou faire de nous son esclave.

Comment l'espace existe-t-il ?

Puisque l'espace apparaît comme un vide, c'est-à-dire comme une absence d'apparence, nous pouvons soutenir qu'il n'existe pas, du moins à la manière d'un objet. Une autre preuve de son inexistence est l'impossibilité de le saisir. On peut encore se poser les questions suivantes : « L'espace existe-t-il encore s'il ne contient aucun objet ? Quelle est la taille d'un espace vide ? ».

D'autre part, puisque l'espace est logiquement nécessaire en tant que contenant des objets et des phénomènes, nous sommes en mesure d'affirmer qu'il existe. L'espace nous laisse également des impressions : la majesté de l'immensité de l'univers, le vide abyssal, etc.

En conclusion, le concept d'existence ne semble pas valide pour l'espace, nous pouvons seulement remarquer qu'il n'a pas de substance et qu'il n'est jamais apparu. Dans la vie quotidienne, on agit comme s'il existait puisqu'il peut contenir des objets concrets. C'est le cas par exemple d'une place de parking.

Lorsque le système sensoriel ne renvoie rien à l'esprit, celui-ci décrète qu'il est en présence d'un espace vide. Personne n'a vu le vide. N'étant pas validée directement par le système sensoriel, la notion d'espace ne peut être qu'un phénomène mental.

Espace extérieur et espace intérieur

L'esprit en mode dualiste croit en un espace extérieur et une intériorité. En revanche, une fois l'esprit libéré de son aspect dualiste, il n'y a plus d'extérieur ni d'intérieur : cette différenciation qui provient de l'aspect illusionné du mental n'est pas absolue. Le dépassement de l'esprit dualiste ne s'effectue qu'après de longues pratiques, et on peut considérer que la croyance en la dualité « intérieur - extérieur » est extrêmement majoritaire parmi les humains.

C'est l'expérience méditative qui permet de reconnaître l'illusion des notions d'intérieur et d'extérieur, mais un travail préliminaire est déjà possible en mode conceptuel. Si, comme dans l'hypothèse dualiste, nous croyons en un espace extérieur, il faut déterminer par rapport à quoi il est extérieur. Lorsque nous disons que nous allons à l'extérieur, par exemple lorsque nous quittons notre domicile, nous pensons à la position de notre corps par rapport à notre habitation. Cependant notre corps n'a pas cessé d'être dans l'espace extérieur. Lorsque nous pensons au monde extérieur, nous le pensons encore par rapport à notre corps, bien que notre corps et le monde extérieur soient tous deux dans l'espace extérieur. Quand par exemple nous regardons un paysage, notre conscience est censée être dans l'intériorité et le paysage dans l'espace extérieur. L'espace extérieur paraît inconscient (sauf dans les projections poétiques), tandis que l'espace intérieur est conscient, ce dernier étant supposé être contenu dans le corps ou dans le même espace que le corps, on ne sait où précisément.

Par contre, si l'on ne croit pas en la dualité « intérieur - extérieur », c'est-à-dire si l'on pense que l'espace est dans l'esprit (ou est un aspect de l'esprit), la perception se déroule d'une manière différente que l'on peut essayer d'imaginer maintenant. Lorsque nous disons que nous allons à l'extérieur, par exemple lorsque nous quittons notre domicile, tout est à l'intérieur de l'esprit : notre corps, notre domicile et l'extérieur. Lorsque nous pensons au monde extérieur, nous sous-entendons extérieur à notre corps, notre corps et le monde étant eux-mêmes à l'intérieur de l'esprit. Quand par exemple nous regardons un paysage extérieur ou notre corps, le paysage et notre corps sont à l'intérieur de l'esprit. Dans cette hypothèse, paysage et corps ne sont pas matériels mais des formes sans substance, à la manière des rêves, et ces formes ont la même nature que l'esprit.

La vue non duelle pose des problèmes à l'esprit dualiste, principalement du fait de sa croyance en la substance des choses. Il peut se demander comment l'esprit de quelqu'un peut contenir d'autres individus. Une réponse possible consiste à considérer que l'esprit ne voit qu'une image des autres de même qu'il ne voit qu'une image de lui-même. Il en va de même pour tous les êtres. Il n'y aurait pas de réalité en dehors de ce jeu d'images. Le sentiment de substance provient du détour de l'esprit par le système sensoriel, détour qui peut être évité lors de la méditation.

L'espace et le temps

La manifestation est changement, mouvement, continuelle transformation. Ce sont les apparences qui changent, et elles ont besoin d'un théâtre : l'espace. Le changement a besoin d'apparences et d'un temps. Ce dernier permet de discriminer deux apparences différentes situées au même endroit, la première appartient au temps 1 et la seconde au temps 2. Le temps n'existerait pas sans les apparences et donc sans espace. De même l'« espace » n'existerait pas sans les apparences, car il est un contenant, et les apparences n'existeraient pas sans le mouvement, sans le temps (ondes électromagnétiques nécessaires à la vision par exemple).

Espace et méditation

L'espace tient une place importante dans la méditation. Lorsque l'esprit n'est pas agité par des pensées, happé par des sensations ou perturbé par des émotions, l'espace méditatif devient plus clair et plus vaste. Les phénomènes intérieurs comme les pensées devenant discernables, ils peuvent être intégrés à la méditation, ce qui entre autres permet de découvrir la force d'aliénation des pensées et des émotions. Cet espace n'est pas inerte comme l'espace extérieur de l'esprit dualiste, mais il est habité par une conscience qui n'est plus liée à l'ego mais infinie, sans centre ni limites. À un certain niveau de profondeur, nous sommes nous-mêmes cet espace pour peu que nous abandonnions l'étroitesse de la conscience de soi. Lorsque nous cherchons quelque chose qui serait « nous » à l'intérieur de cet espace, nous ne trouvons rien car nous sommes cet espace non né qu'aucune caractéristique ne vient troubler.

Effets de l'examen de l'espace

En conclusion, l'examen du concept d'espace a beaucoup d'effets positifs. Le sentiment d'isolement dû à la croyance à l'extériorité du monde est atténué. En outre, si nous comprenons que le monde est à l'intérieur de notre esprit, l'importance accordée à la vue dualiste s'affaiblit, ce qui permet d'avancer sur le chemin de la sagesse non duelle.

◦ Moment 11

Nous sommes détendus, sans espoir ni crainte...
Aucun souvenir, aucun projet...
Notre demeure est l'instant présent.
Laissons l'esprit s'ouvrir...

Préparons-nous à scanner notre corps,
À l'observer entièrement à l'aide du regard intérieur...
Nous cherchons un ressenti, un contact,
Dans chaque partie du corps...

Notre exploration est directe :
Nul besoin de visualiser...
Quand nous portons l'attention à une main,
Nous n'imaginons pas l'image de la main,
Nous posons directement l'attention
Sur une trame de ressentis...

Nous allons passer en revue tout le corps,
Y discerner la sérénité...
Déposons une conscience de calme dans le corps,
Et savourons la tranquillité qui l'imprègne...

Portons d'abord l'attention à nos pieds,

Et prenons contact avec eux...
Une chaleur et une vie y circule.
Prenons le temps de bien nous connecter à eux,
Ce sont de simples ressentis,
Tels qu'ils se manifestent dans notre intériorité
Des visions sans forme...

N'essayons pas d'imaginer leur apparence,
Plongeons plutôt dans l'océan intérieur,
Éclairons les par un contact direct
Si subtil, si loin des mots...
Nos pieds sont là, tout simplement.
Nous sommes conscients de leur présence vivante
Et de leur chaleur...

Quand nous en avons terminé avec les pieds,
Remontons l'attention jusqu'aux chevilles
En restant abrités des concepts...
Toute visualisation mène à l'imaginaire,
Nous entrerions dans la mémoire,
A lieu d'expérimenter le présent...

Prenons contact avec nos chevilles,
Ressentons leur vie et leur chaleur,
Éprouvons leur vibration, leur sensibilité particulière...
Nous sommes conscients de leur présence,
Tandis que s'efface notre regard extérieur,
Immobile, détendu et sans la moindre prise...

Posons l'attention sur la tranquillité de notre corps
Aussi longtemps qu'il nous est agréable...

Les pensées

Collection d'opinions que le lecteur remplacera avantageusement par les siennes

Dans ce chapitre, les pensées sont d'abord examinées en mode dualiste, puis au moyen d'une enquête approfondie qui explore les différentes afflictions et les obstacles à la sagesse qu'elles peuvent entraîner.

Il aborde les sujets suivants :

- Vue dualiste
- Enquête
- Les pensées,
- Le mécanisme de la pensée,
- Les pensées et la vigilance,
- La pensée et la culpabilité,
- Le refuge au-delà de la pensée
- Effets de l'examen des pensées.

Vue dualiste

La vue dualiste est celle que l'on a naturellement dans la vie quotidienne, c'est donc la vue « samsarique » appelée vue mondaine dans ce cahier. Lorsque nous pensons, nous sommes rarement conscients d'être le penseur. Pourtant, s'il y a des pensées, il y a nécessairement celui qui les pense, c'est-à dire

« nous ». Il est sous-entendu que le penseur est permanent et que les pensées seraient autant d'expressions tirées du grand livre du mental. Si par exemple Michel pense à Jacques, on imagine qu'à un certain moment la conscience de Michel ramène à elle la pensée « Jacques ». La conscience de Michel, c'est-à-dire le penseur, l'accompagne pendant toute sa vie, même lorsqu'il ne pense pas. Il semble admis qu'un même penseur pense à Jacques et un peu plus tard émet l'idée de prendre le train, etc. C'est en ce sens que le penseur est considéré comme permanent, ou qu'il agit comme tel d'une manière inconsciente. Il est également évident que ce sont les pensées qui nous constituent. Nous croyons vraiment qu'elles sont « nous ».

Enquête

Cette enquête (Les pensées à Effets…) aborde les pensées dans une perspective de bien-être et de sagesse, l'objectif étant de les empêcher de nous aliéner par leur venin ou de faire de nous leur esclave.

Les pensées

Pour enquêter plus profondément sur la notion de pensée, attardons-nous sur l'examen de la pensée « Jacques » dans l'esprit de Michel. Michel pense à Jacques, un ami avec lequel il s'est brouillé suite à des divergences politiques. Dans l'esprit de Michel, la pensée « Jacques » est un concept lié à leur relation. Celle-ci a engagé le système sensoriel : la vue, la parole et l'ouïe lors des conversations, le sens tactile chaque fois qu'ils se sont serré la main. Lors des contacts téléphoniques, c'est la parole et l'ouïe qui ont été mises en œuvre. D'autre part, le concept « Jacques » est lié aux thèmes qui ont été abordés durant leurs conversations. Des émotions ont pu être réveillées pendant celles-ci, par exemple de la colère en cas de sujet politique. Le mot « Jacques » éveille donc différents types de souvenirs dans l'esprit de Michel. Et c'est l'ensemble de ces perceptions passées qui deviendront le « Jacques » conceptuel que Michel assimile à la réalité « Jacques ». Le concept « Jacques » subsistera dans son esprit même après le décès de l'intéressé.

Michel fabriquera une image mentale d'un personnage nommé « Jacques » qu'il pourra manipuler à sa guise. Il finira par oublier que ce personnage n'est qu'une fiction conceptuelle, et cette production imaginaire aura chez lui le même effet qu'une réalité. Il pourra se mettre en colère contre lui et, à un autre moment, lui vouer une certaine estime. Il ne pensera jamais qu'il s'adresse en réalité à un personnage de son propre cru.

La pensée « Jacques », lorsqu'elle apparaît dans l'esprit de Michel, est la manifestation de causes et de conditions, toutes présentes au même moment. Ce peut être le fait d'entendre le nom de son ancien ami, ou la survenue d'un souvenir qui lui est lié, par exemple la pensée « Mozart » si le musicien a été évoqué à maintes reprises durant leurs conversations. Dans la méditation on observe que la pensée « Jacques » n'a pas d'existence propre, qu'elle est vide d'essence, non substantielle, ce qui en fait une illusion dualiste (réalité mondaine sans essence). Son apparition n'est que le fruit de la coproduction d'un certain nombre de conditions.

La croyance au concept « Jacques » peut entraîner des perturbations conflictuelles qui sont des obstacles au bien-être et à la sagesse. Si Jacques a profondément influencé Michel durant leurs conversations, son influence peut perdurer, le concept remplaçant la présence physique. Même lorsqu'ils étaient physiquement en présence l'un de l'autre, l'aspect conceptuel de leur relation jouait souvent un rôle plus important que le face à face concret. En effet, après quelques rencontres, leurs visage étaient d'avantage tirés de leur imaginaire mémoriel que réellement regardés, leurs paroles suivaient la même dérive du sensoriel vers le conceptuel. Sur le plan mental, la mémoire tenait un rôle de plus en plus important à chaque rencontre, etc.

Mécanismes de la pensée

Pour comprendre le mécanisme des pensées, on continue avec l'exemple de Michel en train de penser à son ancien ami Jacques. Si l'esprit dualiste considère que la conscience de Michel, à un moment donné, ramène à elle la pensée « Jacques », cette manière de voir reste néanmoins une approximation. Plus précisément, le penseur et la pensée « Jacques » s'élèvent en même temps dans l'esprit de Michel. A la disparition de cette pensée, le penseur et la pensée retournent à leur essence vide, car penseur et pensée n'existent pas d'une façon autonome et permanente, mais en dépendance réciproque.

Si le penseur (la conscience égotique) existait avant la pensée « Jacques », à quoi penserait-il puisque la pensée « Jacques » n'est pas encore arrivée ? Si la pensée survenait d'abord, que serait-elle en absence de conscience pour la penser ? Pensée et penseur doivent nécessairement apparaître en même temps, ce qui exclut un penseur permanent.

Pour mieux comprendre ce qui précède, il faut distinguer l'esprit de Michel au repos et le « penseur ». Le « penseur » est la conscience qui apparaît dans son esprit en même temps que la pensée « Jacques ». Le penseur est donc ici une conscience éphémère qui disparaît avec la pensée, une simple vague dans l'océan tranquille de l'esprit de Michel. On distingue donc l'esprit de Michel au repos, sommairement hors dualité, et son esprit pensant, c'est-à-dire dans le mouvement qui fait apparaître la dualité penseur-pensée.

Quand une pensée surgit, l'esprit dualiste se concentre sur son contenu auquel il s'identifie en tant que sujet. Il pense réellement que les pensées sont lui, qu'il est leur accumulation depuis sa naissance même si elles se contredisent et évoluent. Il ne se rend pas compte qu'il quitte son « être » pour se diviser en un couple penseur-pensée. L'identification à la pensée est parfois si forte qu'elle peut engendrer de la colère ou du mépris lorsqu'un interlocuteur est d'un avis différent.

Pensées et vigilance

Il peut être utile d'examiner la relation entre la pensée et la vigilance, cette dernière permettant d'avoir une meilleure maîtrise de la première. Si Michel était vigilant, il pourrait garder sa « transparence » à l'irruption de la pensée « Jacques », mais cela ne se passe pas ainsi dans l'exemple. Son mental s'identifie aussitôt au penseur du couple « penseur - pensée Jacques ». Si quelqu'un lui demande à quoi il pense, il répondra : « je pense à Jacques ». Michel s'est donc soumis au dictât de la pensée « Jacques » par une espèce de distraction qui le pousse à sortir de ce qu'il est naturellement. S'il avait vu à temps le changement d'atmosphère de son mental, la petite fluctuation parasite, il aurait pu traverser cette conscience fugitive sans s'identifier au penseur. Cette distraction n'est pas forcément dommageable, mais ici Jacques est devenu un ennemi, et cette pensée risque de déclencher de la colère, des jugements, des projets malveillants, etc., c'est-à-dire des ingrédients propres à affecter son bien-être et à peser sur son futur.

Il faut préciser que Michel ne remarque pas qu'une conscience s'élève de son mental en concomitance avec la pensée « Jacques », il ne voit que cette pensée. S'il n'aperçoit pas cette conscience éphémère, c'est qu'il s'y est identifié au tout début. Cette méprise peut s'illustrer par la métaphore habituelle de l'océan. L'esprit est alors associé à l'océan, et la pensée à la vague qui surgit à la surface de l'océan. Quand vient la pensée, l'esprit s'identifie à la vague et oublie l'océan. Un esprit vigilant reste dans les eaux profondes, et si une vague surgit, il n'est aucunement perturbé par la vague, par la pensée. Ensuite, il pourra améliorer sa vigilance en considérant métaphoriquement qu'il conserve sa nature d' « eau », qu'il soit « océan » ou simple « vague », qu'en fait il n'y a aucune transformation de nature entre les aspects « calme » et « pensant » de son esprit.

Le pouvoir d'aliénation de la pensée s'avère donc très efficace. Plutôt que d'être le pantin des pensées qui viennent danser à la surface de l'esprit, il est préférable de demeurer dans la paix et la vigilance. Des méditations permettent de développer la vigilance « en laboratoire » pour qu'elle devienne naturelle dans la vie quotidienne. Il ne s'agit pas dans cette étape d'exercer sa vigilance sur le contenu des pensées, mais sur les pensées elles-mêmes en tant que phénomènes : de simples bulles à la surface de l'esprit paisible.

Pensée et culpabilité

La croyance que nous sommes le penseur unique de toutes les pensées et l'agent de tous les actes de notre vie nous pousse au sentiment de culpabilité. Ainsi on peut se sentir coupable d'avoir mal agi envers quelqu'un, et être incapable de se défaire du mal-être qui en résulte. En regardant de plus près, on comprend que le sujet qui a mal agi appartient au passé, et qu'il est donc anachronique de nous sentir coupable, même si nous sommes la continuité de ce sujet, ce qui entraînera des conséquences karmiques. Si on prend la métaphore des saisons, l'automne n'est pas coupable des dégâts produits par la canicule de l'été. Cependant l'absence de culpabilité n'exclut pas la responsabilité, car la loi du karma, attachée au continuum de conscience, est effective aussi longtemps que l'effet ne s'est pas produit dans ce même continuum. Une personne commettant un acte nuisible par le corps, la parole ou l'esprit, devra en subir les conséquences dans le futur. Même la mort ne pourra effacer sa responsabilité. La « responsabilité » consiste ici en la nécessité d'expérimenter les effets de ses actes, en général sans savoir qu'ils sont des effets, il s'agit donc d'une responsabilité karmique qui demeure aussi longtemps que l'esprit dualiste.

La loi mondaine qui gère la société en surface de manière grossière, différente suivant les cultures et les pouvoirs, ne peut être confondue avec la loi karmique qui agit dans la profondeur des êtres et ne connaît pas de différences entre les cultures, elle est à l'abri des erreurs judiciaires, de manipulations d'avocats véreux et de magistrats corrompus, de la volonté populaire, etc. Cependant il existe des relations entre elles. Supposons que la loi mondaine emprisonne un meurtrier. De ce fait, une part de l'effet karmique est satisfaite, et si en outre le meurtrier regrette profondément son acte et sauve des vies, les conséquences karmiques en seront encore allégées.

Le sentiment de culpabilité produit une souffrance qui provient de l'identification égotique de l'esprit dualiste, c'est-à-dire en sa croyance en la permanence du sujet, de l'auteur, du « moi », à travers l'entière existence. Le sentiment de responsabilité est plus adéquat, il permet de réparer les erreurs et nuisances commises sans renforcer la croyance en l'existence d'un « moi » comme le ferait le sentiment de culpabilité.

Le refuge au-delà de la pensée

Existe-t-il quelque chose au-dessus de la pensée ? L'interrogation est souvent posée sous cette forme, mais rien ne précise ce qu'on entend par « au-dessus » (ou au-delà) dans ce contexte. Pour mieux comprendre, on pourrait d'abord s'intéresser de manière intuitive à ce qu'il y a « au-dessous » de la pensée, et considérer comme réponses possibles : l'ignorance, les sensations, le domaine affectif, la réaction, c'est-à-dire tout ce qui semble moins imprégné d'intelligence que la pensée. Avec cette manière de voir, tout ce qui dépasserait la pensée en intelligence serait au-dessus de la pensée.

S'il y avait une réponse conceptuelle à ce qui existe au-dessus de la pensée, cette réponse, étant elle-même une pensée, ne serait évidemment pas au-dessus des pensées. La conclusion conceptuelle est nécessairement qu'il n'y a rien au-dessus des pensées.

Lorsque l'on cherche ce qui est au-dessus de la pensée, on s'attend à quelque chose d'universel d'intelligent, de conscient, de non conditionné, de non fabriqué, qu'on pourrait assimiler dans ce cahier à « ce qui est déjà là ». Il y a quelque chose qui est déjà là mais qui est occulté par d'innombrables voiles. Il n'y a donc rien à chercher ni à inventer. C'est l'hypothèse de base des chemins de sagesse, et c'est pourquoi le « moi » doit être mis au placard parce qu'il est fabriqué, et qu'en cela il ne bâtit que des châteaux de cartes. Or en l'absence de « moi », il n'y a pas de pensées faute de sujet pour les penser. Ce n'est donc pas au-dessus mais dans la transparence par rapport aux pensées et aux concepts qu'on trouvera ce refuge absolu et universel, lequel n'est autre que notre réalité ultime.

Dans la vie quotidienne, nous avons le sentiment d'être ce que nous pensons, et la question de vérifier si c'est vraiment le cas ne nous a pas nécessairement traversé l'esprit. C'est d'autant plus étrange que nous n'arrêtons pas de penser. Il peut être instructif d'en savoir plus sur une activité qui nous occupe du matin au soir. Si nous pensons « oui » à un instant et « non » quelques secondes plus tard à propos de la même chose, c'est toujours nous qui pensons, nous avons tellement l'habitude de telles situations mentales que nous n'y discernons aucune absurdité.

Il se peut tout de même qu'il y ait un manque de clarté dans cette façon de juger notre attitude. S'il y a « oui » à un certain moment et « non » un peu après, et que c'est la même personne qui s'exprime à propos de la même question, par exemple après un moment de réflexion, cela indique qu'il y a en amont quelque chose qui la conditionne à dire « oui » à un moment et « non » à un autre. Cette « inconnue » qui influence serait donc le maître de ces morceaux de « nous » contradictoires qui disent « oui » ou « non », et elle serait notre véritable identité... Comment se passent les choses ? Nous acceptons d'être chacune de nos pensées à chaque instant, quelles qu'elles soient, et en même temps d'être le maître, le chef de chœur de toutes nos pensées. Pour exprimer la situation d'une autre façon : à chaque instant nous sommes la pensée qui s'élève, l'instant suivant nous sommes cette autre pensée qui s'élève, et globalement nous sommes ce chef de chœur qui laisse surgir toutes les pensées et qui n'a d'autre rôle que d'être là et de se croire utile. Il peut y avoir un jugement sur la pensée par la suite, mais cette pensée a pu néanmoins surgir en toute liberté, sans l'accord du faux chef de chœur, le « moi ».

Sur un chemin de sagesse, quand on s'interroge sur ce qu'il y a « au-dessus » des pensées éphémères, on ne se réfère pas au pantin dénommé « moi », mais à une demeure plus digne, à l'abri des pensées et des émotions. Ce refuge inconnu peut être considéré comme un lieu de liberté car il n'est plus sous la dépendance des pensées, des émotions et du faux maître. Vue sous cet angle, la liberté désigne une absence d'aliénations visibles ou invisibles, une absence d'obstruction, qui entraîne la conviction d'être cela, la conviction qu'il n'y a rien d'autre que cela, que nous sommes cela... Étant cela, étant cette vastitude, cette claire immensité, nous sommes semblable à l'espace illimité...

Lorsqu'on est arrivé à cet état, s'il existait encore un sujet pour dire « je suis cela », ce sujet ne serait pas véritablement parvenu au non-conditionné, puisqu'il serait encore dépendant de lui-même, de son propre reflet. Il ne peut affirmer qu'il est lui-même sans se conditionner, et s'il demeure silencieux, sans effort, il est toujours là mais il n'y a plus d'observateur pour le remarquer. Il adviendra qu'au bout de nombreux lâcher-prises, s'il n'est pas troublé par des réminiscences ou fasciné par des voiles, il n'y aura vraiment plus que cela. On peut vivre cette clarté sans conscience de soi pendant quelques instants, puis en général on retombe dans la dualité, une valise d'illusions dans chaque main : ce n'était qu'une expérience et non une réalisation.

Le souhait de « dépasser » les pensées oblige à aller voir dans le mental, là où les pensées prennent leur source. Pour cela, il faut éviter la perturbation des événements intérieurs parasites. Les pensées semblent surgir dans l'espace intérieur, occuper pendant un instant tout cet espace, puis disparaître. Pour aller au-delà des pensées, cet espace intérieur doit être vide de pensées, d'émotions et d'images, c'est-à-dire ne pas être obstrué. Si un phénomène apparaît dans cet espace, l'esprit serait tenté de s'y accrocher et de revenir à la dualité.

Le premier refuge au-delà des pensées est l'esprit naturel, l'esprit non perturbé dont l'espace est illimité, qui est clair et connaissant. C'est à partir de ce premier refuge que sont pratiquées les méditations libératrices.

Effets de l'examen des pensées

En conclusion, la compréhension que le penseur et les pensées sont des illusions dualistes, permet de réduire la saisie que nous en avons, et ainsi de restreindre les perturbations conflictuelles, d'où une augmentation du bien-être. L'illusion est ce qui est impermanent, qui n'existe pas par lui-même et ne peut donc être saisi isolément. Si elles sont ultimement des illusions, les pensées sont tout à fait fonctionnelles dans le théâtre mondain, mais la croyance en leur réalité propre est un obstacle sur un chemin de sagesse. Cette compréhension conceptuelle prépare les méditations libératrices sur la vacuité des pensées et du penseur.

◦ Moment 12

Nous sommes dans l'instant présent,
Et nous observons le corps
Avec le regard intérieur...

Après l'examen des chevilles,
Nous passons à nos jambes,
À nos deux jambes simultanément.
Prenons contact avec elles sans recourir à l'image,
Ressentons-les telles qu'elles sont.

S'il y a des douleurs, des crampes...
Observons-les quelques instants,
En y déposant une conscience de calme.
Puis revenons à l'attention globale aux jambes,
Recueillis, avec patience et minutie,
Nous prenons notre temps...

Observées avec l'œil intérieur,
Les jambes n'ont ni forme ni couleur.
Nous avons quitté le théâtre sensoriel
Pour entrer dans des coulisses
Qu'on appelle l'intériorité...

Déplaçons lentement l'attention vers notre bassin.
Prenons contact avec lui, ressentons sa vie et sa chaleur.
Intéressons-nous aux douleurs éventuelles,
Y déposant une conscience de calme bienveillant…
Puis nous revenons à l'attention globale au bassin…

Notre examen s'effectue lentement, sans commentaire.
En tandis que nous déposons une conscience de calme dans le corps,
Notre esprit s'apaise… et se donne totalement
À la merveilleuse tranquillité qui emplit notre corps…

Savourons le calme qui nous envahit
Aussi longtemps que cet état nous est agréable…

Les limites de la raison

Collection d'opinions que le lecteur remplacera avantageusement par les siennes

Ce chapitre étudie les limites de l'efficience de la raison dans la progression vers le bien-être et la sagesse.

Dans ce cahier, on appelle « raison » le procédé discursif, conforme à la logique dualiste, permettant d'établir une vérité à partir d'hypothèses et d'arguments. Elle se rencontre par exemple lorsqu'une personne a une certitude, et qu'elle essaie d'en convaincre les autres avec un échantillon d'arguments ciblés. Cette certitude peut elle-même provenir de l'accumulation d'arguments dans son dialogue intérieur. La raison peut permettre d'accumuler des raisonnements en faveur de l'existence de la sagesse, et déclencher ainsi une motivation, mais la sagesse non duelle elle-même est inaccessible à la raison de l'esprit dualiste.

Il ne sera pas nécessaire d'examiner la raison neutre pratiquée dans les sciences et les techniques, car elle ne produit pas d'afflictions. Néanmoins, même neutre, elle doit être abandonnée à une certaine étape d'un chemin de sagesse, à cause de son dualisme inhérent.

Le chapitre aborde les sujets suivants
- Vue dualiste

- Enquête
- Domaine de validité de la raison,
- Raison et émotions,
- Intérêt relationnel de la raison,
- Défauts de la raison,
- Dépassement de la raison,
- Intuition,
- Effets de l'examen de la raison.

Vue dualiste

L'esprit dualiste accorde à la raison une première maîtrise des pensées qui permet déjà un tri des phénomènes intérieurs, évitant ainsi leur prolongement en acte lorsqu'ils sont nuisibles à nous-mêmes, aux autres ou à la cohérence du personnage qui nous sert de vitrine dans le théâtre mondain. La raison permet d'articuler des concepts d'une façon acceptée par le plus grand nombre. Entre deux choix dont l'un est compatible avec la raison et l'autre non, c'est le premier qui est considéré comme vrai. La raison structure la pensée… On dit que l'homme est doué de raison, à moins que la raison ne soit que le nom donné à la manière dont l'homme organise son discours intérieur et ses échanges.

Enquête

Cette enquête (Domaine de... à Effets…) aborde le concept de raison dans une perspective de bien-être et de sagesse. L'objectif est de l'empêcher de nous aliéner par son venin ou de faire de nous son esclave.

Domaine de validité de la raison.

Comme elle appartient en commun à tous les êtres humains, la raison est utilisée dans les relations sociales, dans l'enseignement, la justice, dans les domaines du savoir tels que les sciences, l'histoire, également pour mettre de l'ordre dans le discours intérieur, etc. En résumé, la raison est présente dans toutes les activités humaines, mais c'est dans le domaine intellectuel qu'elle domine et qu'elle brille. Par contre elle est incapable de dépasser la sphère conceptuelle, ce qui la rend défectueuse dans un chemin de sagesse.

Raison et émotions

Les émotions perturbatrices comme l'orgueil, la jalousie, la colère, le désir-attachement et l'ignorance sont les motifs les plus courants qui poussent à agir. Elles sont des réactions, des réponses à un événement, liées à notre état d'esprit dualiste. Il est évident que ce mécanisme « à la guignol » est un obstacle à la sagesse par son aspect égocentré, nuisible aux autres et à soi-même. Nul doute que l'adhésion à de tels comportements a pour cause principale l'ignorance de ce que l'on est. Pour briser l'enchaînement « émotion - action », on utilise l'intermédiaire de la raison qui aboutit à la succession « émotion – raison - action ». L'usage de la raison ne signifie pas pour autant que l'émotion a disparu des conditions de l'action, mais que celle-ci est mise en concurrence avec d'autres intérêts. La couche rationnelle permet donc de policer les erreurs de la couche émotionnelle sans en éliminer les causes. Un rationnel peut être aussi cruel qu'un émotif, seule la mise en œuvre de sa cruauté sera différente. Il y a des dictateurs émotifs et d'autres au cynisme froid, dans les deux cas il en résultera le même gâchis.

Intérêt relationnel de la raison

La raison a un rôle positif sur le plan relationnel en ce qu'elle permet de filtrer la réaction émotionnelle et de tenir compte de certaines conditions extérieures facilitant la vie en communauté. En mettant un peu d'ordre dans les velléités émotives, elle peut réduire les obstacles émotionnels à la sagesse. Cependant, elle tombe dans la négativité quand elle devient calculatrice et produit une action identique à celle qu'aurait provoquée une affliction, mais en l'ajournant de manière opportuniste. Le calcul a même la capacité d'amplifier la nuisance de la réaction initiale, purement émotive. La raison calculatrice peut donc être un plus grand obstacle à la sagesse quand s'ajoutent à l'émotion de base dissimulée à autrui, des facultés intellectuelles ou oratoires destinées à amplifier volontairement sa capacité de nuisance. Le calcul politicien est un exemple de raison détournée à des fins d'intérêt personnel. Contrairement à l'émotion qui est spontanée, la raison est capable de s'allier au temps pour arriver à ses fins, qu'elles soient positives ou nuisibles.

Défauts de la raison

La raison possède un certain nombre de défauts qui

constituent une entrave à la sagesse :

- La raison est relative,
- Elle est partielle,
- Elle est partiale,
- Elle suggère des illusions,
- Elle n'est pas universelle
- Elle n'est pas transcendante*.

La raison est relative

La raison est relative car elle prend conseil dans des concepts ou dans un conditionnement subtil qu'on appellera « intuition » dans ce chapitre. La raison ressemble à un penseur muni d'une grande expérience qui lui permet d'éviter la reproduction d'erreurs du passé. Ce penseur est caractérisé par une concentration particulière ouverte aux schémas des maîtrises antérieures. Par son caractère conditionné, la raison ne peut jamais aboutir à une vérité absolue (c'est-à-dire non conditionnée).

La raison est partielle

Lorsqu'on connaît toutes les conditions, la raison donne un résultat juste (au sens conceptuel), mais s'il manque la connaissance d'une seule condition, elle aboutit à une erreur. Et dans la réalité, on ne connaît jamais toutes les conditions. Ceci est très visible dans les bulletins météorologiques par exemple, mais cette ignorance de la totalité des conditions est plus générale, elle est inhérente à la conceptualisation. Les concepts sont des points de vue surimposés au réel qui n'appartiennent pas au réel. Un nouveau point de vue peut mettre à terre une théorie, toute délicieusement rationnelle soit-elle. La raison s'appuie sur le passé. Elle dessine un futur qui n'en est qu'une extrapolation mathématique ou algorithmique. L'impression de sécurité qu'elle laisse apparaître est illusoire. Le soir avant de nous endormir, nous pouvons faire de réjouissants projets d'avenir, mais nous ne savons pas si le lendemain matin nous nous réveillerons dans ce monde ou dans une autre vie : notre raison avait oublié l'argument désagréable d'une possibilité de décès.

La raison est partiale.

Dans les faits, elle est non seulement fragmentaire mais aussi partiale car manipulable de diverses façons, par exemple pour satisfaire un fantasme, un intérêt personnel ou celui d'un groupe. Il suffit de favoriser tel argument plutôt qu'un autre, ou d'omettre celui qui va à l'encontre de l'objectif visé. La partialité est parfois très manifeste comme dans la publicité ou la politique, mais il existe aussi des exemples où elle est beaucoup plus discrète.

Elle suggère des illusions.

Elle connaît par exemple une chose, un phénomène en dur, et habituée à l'existence d'un contraire, elle nomme le contraire de cette chose : « rien » ou « néant ». Mais que connaît-elle du néant ? Lorsque la perception sensorielle est stimulée, on affirme qu'il y a quelque chose, et quand elle est sans réponse, on pense qu'il n'y a rien. Or ce « rien », ce « néant », par définition n'existe pas. Il n'y a donc pas de « néant », mais seulement une perception sensorielle non stimulée, une ignorance inhérente aux carences de la faculté sensorielle. La raison déclare « il n'y a rien » là où elle devrait dire en toute honnêteté « j'ignore s'il y a ». Le « néant » est le vide de toute apparence. Il montre les limites de notre perception. La croyance au néant peut donner le vertige, non pas à cause du caractère terrible de sa réalité supposée mais par un blocage mental lié aux limitations de la raison elle-même qui conduisent à une utilisation invalide de celle-ci. La personne qui croit au néant pourrait se poser la question : « Suis-je moi-même néant ? » en souriant devant le néant de son miroir.

Elle n'est pas universelle

Sur le papier, la raison est universelle, mais qu'en est-il en pratique ? Comparons par exemple la raison pratiquée par un écologiste et celle pratiquée par un économiste libéral. Nous simplifions à l'extrême car il ne s'agit ici que d'un exemple de « laboratoire ». L'écologiste pense que l'absence de préoccupations écologiques rendra la terre inhabitable, tandis que l'économiste libéral avancera qu'il faut une économie totalement libre pour que tous les êtres puissent être nourris. Les deux ont des arguments valables. Seulement ils ne voient pas les choses avec les mêmes lunettes. Celui qui fera la synthèse entre les deux aspects économique et écologique trouvera un compromis. Sa raison sera plus vaste que celle des deux premiers, mais elle ne sera pas universelle, car économie et écologie ne sont que des vues partielles et leur somme également. On peut augmenter sans fin le nombre de vues partielles, on ne parviendra pas à l'universel.

Elle n'est pas transcendante.

En faisant intervenir un penseur et des concepts, elle ne connaît que le mode de connaissance dualiste qui interdit toute transcendance*. Elle doit donc être dépassée à un moment donné du cheminement vers la sagesse, pour accéder à la réalité ultime, non conceptuelle. L'instrument de la raison a le « moi » pour instrumentiste, et puisque la transcendance* n'existe que libre de « moi », raison et transcendance* sont incompatibles. Le plus souvent nous n'avons que faire de la transcendance, sauf si nous croyons qu'elle permet de supprimer le mal-être chez soi et autrui, et que cette « matière » bienveillante fait partie de nos préoccupations. Il est nécessaire de s'adonner à des pratiques libératrices pour obtenir une conviction non conceptuelle de ses bienfaits. Dans ce type de méditation, il n'y a plus de tendances, de pensées et d'émotions pour influencer, ni de sujet pour être influencé. L'ego ne peut aider à la recherche de la transcendance puisqu'il en a usurpé la place.

Dépassement de la raison

Après cette liste de défauts de la raison, voici un petit paragraphe sur le dépassement de la même raison, avec pour objectif la sagesse et non l'irrationnel. Cette précision est nécessaire parce que l'esprit dualiste, opposant la raison à l'irrationnel et considérant en outre que la raison est ce qu'il y a de plus haut, regarde tout ce qui est dit la dépasser comme des fictions irrationnelles. Raison et irrationnel cohabitent au même étage, tandis que la sagesse n'est pas située.

Le refuge ultime est la sagesse transcendante. Celle-ci est mise au rang d'une illusion par les penseurs qui n'imaginent rien au-dessus de la raison et se demandent pourquoi il y aurait quelque chose qui dépasserait la toute puissance de leur « moi ». Or ce n'est pas au moyen de la raison, d'un outil de l'esprit dualiste, que l'on peut accéder à ce qui la dépasse. La science de l'esprit permet d'atteindre ce niveau et de vivre d'une manière tout à fait différente de celle qui se base sur des concepts. Même si nous n'avons pas réalisé nous-même la sagesse, nous pouvons écouter des êtres éveillés, des sages. Des textes inspirés précisent que la sagesse est spontanée et non dualiste, bien au-delà de la raison discursive et conditionnée.

L'intuition

Tout en prenant une tasse de thé ou de café pour nous reposer du machinisme des concepts, source de migraines et de bavardages logorrhéiques, nous allons examiner l'intuition, beaucoup plus libre et spontanée. Le mot « intuition » est pris ici dans le sens restreint mentionné un peu plus haut lors de l'évocation de la raison. Comme elle est spontanée, en commun avec la sagesse, on pourrait être tenté d'assimiler les deux termes, mais ce serait une erreur. En ce qui concerne la sagesse transcendante, on ne peut rien en dire aussi longtemps qu'elle n'a pas été réalisée, et même après puisqu'elle reste incommunicable, comme la douleur dans le théâtre mondain. Notre curiosité n'a vraiment pas de chance, et on comprend qu'elle soit déçue. En effet, s'il est possible de transmettre certaines impressions, de décrire certains effets de la douleur, l'expérience de celle-ci reste individuelle. Il en est de même métaphoriquement pour la sagesse.

L'intuition est une sorte de présence éclairante qui apparaît lorsqu'on se pose une question, et parfois spontanément. Cette présence peut être une réponse en elle-même ou bien se prolonger par une pensée. L'intuition tire sa réussite des apports du passé, elle appartient à l'esprit dualiste, ce qui laisse supposer qu'elle n'est pas transcendante et ne peut être assimilée à la sagesse. Ce sentiment est renforcé par le fait qu'elle suppose un sujet qui pressent. Certaines conditions doivent être réunies pour que surgisse l'intuition. Dans la sagesse, il n'y a pas de sujet, la connaissance est immédiate, la lumière est directement agissante, elle est elle-même expérience. Tandis que l'intuition a encore des liens avec le mental illusionné, la sagesse est une conscience pure.

Effets de l'examen de la raison

En conclusion de ce chapitre, la compréhension que la raison peut être dépassée empêche un attachement excessif aux concepts, et permet une vie plus légère et moins réactive aux diverses opinions. Elle relativise le sentiment d'avoir raison qui accentue l'isolement et provoque souvent la colère d'autrui. Elle réduit ainsi l'orgueil intellectuel et les souffrances associées telles que la jalousie et le mépris. Plus durablement, la compréhension d'une possibilité de dépassement de la raison ouvre une lucarne d'intérêt pour la transcendance et l'engagement sur un chemin de sagesse.

◦ Moment 13

Nous nous mettons en position de recueillement.
L'atmosphère est paisible.
Nous continuons d'observer notre corps
Avec la conscience tournée vers l'intérieur…

Du bassin, nous remontons à l'abdomen,
En y portant toute notre attention.
Nous sentons sa chaleur, la circulation du souffle.
Nous imprégnons d'une conscience de calme
L'abdomen en son entier,
Et les points de tension qui peuvent apparaître…

Nous observons le rythme de notre respiration,
L'abdomen qui se contracte et se gonfle avec douceur.
À chaque respiration le calme nous apprivoise,
Il se propage partout dans l'organisme…
Notre corps est maintenant tranquille
De la plante des pieds jusqu'à l'abdomen…

Déposons une conscience de calme dans notre thorax.
Ressentons sa chaleur, ressentons sa vie,
Ressentons notre respiration, les allées et venues du souffle…

Tandis que nous effectuons ces mouvements respiratoires
Avec une souplesse et une régularité agréables,
Nous restons lucides, sans torpeur ni agitation,
Et nous prenons contact avec tous les territoires
De notre thorax et de notre dos.
Nous n'oublions rien dans l'exploration du haut de notre tronc,
Conscients de sa chaleur, de sa vie et de sa sensibilité...

Savourons le calme qui nous envahit
Aussi longtemps que cet état nous séduit...

Les afflictions

Collection d'opinions que le lecteur remplacera avantageusement par les siennes

Ce chapitre examine les afflictions d'un point de vue dualiste puis selon une perspective plus approfondie compatible avec un cheminement vers le bien-être et la sagesse.

Les afflictions (ou émotions perturbatrices, conflictuelles, affligeantes, perturbations mentales) sont des réactions nocives du mental perturbé. Elles se présentent comme des pensées tenaces, arrogantes et dominatrices qui envahissent l'espace mental et obligent à agir. Elles n'existent que dans le mode de fonctionnement dualiste de l'esprit. Il y en a une infinité, la principale étant l'ignorance qui possède deux ramifications : le désir-attachement et la colère-haine. S'y ajoutent l'orgueil et la jalousie. Toutes les autres afflictions peuvent se rattacher à une combinaison des trois premières (ignorance, attachement, colère), le « moi » étant le prolongement de l'ignorance.

On les appelle « afflictions » parce qu'elles amènent de la souffrance chez soi et autrui, « émotions perturbatrices » en tant que réactions émotives qui aliènent l'esprit, « émotions conflictuelles » par leur propension à créer des conflits entre les humains, « perturbations mentales » en raison de leur effet négatif sur l'harmonie mentale.

Ce chapitre aborde les sujets suivants :

- Vue dualiste,
- Enquête
- Utilisation erronée des afflictions,
- Absence de nature propre des afflictions,
- Application du tétralemme aux afflictions,
- Dépassement des voiles,
- Effets de l'examen des afflictions.

Vue dualiste

L'esprit dualiste admet le caractère nuisible des afflictions pour soi-même et autrui. La colère en est une illustration manifeste. Elle peut perturber la santé de l'individu qui en est la proie et nuire aux personnes qui en sont la cible. Sous son effet, un individu peut devenir violent, blesser ou même tuer autrui.

Lorsqu'une affliction est chronique chez une personne, on dit qu'elle fait partie de son caractère. Certains y voient même une bonne raison pour ne pas la corriger. Pire encore, il arrive que certaines afflictions soient encouragées. Pour acquérir un statut social par exemple, il est admis qu'il faut de l'orgueil, de la colère et une certaine maîtrise du mensonge. Il semble que sans afflictions, un individu serait comparable à une assiette de nouilles, et que seules les émotions conflictuelles sont à même de lui procurer le carburant et le prestige nécessaires au succès. Bien sûr, la réussite sociale n'exige pas une pleine marmite de perturbations mentales, comme dans le cas des dictateurs et des criminels, mais on concède qu'il en faut quelques cuillerées ou quelques louches pour devenir quelqu'un. C'est ainsi que semble fonctionner l'esprit dualiste... Ce qui n'empêche pas nombre de personnes de réussir par leurs qualités humaines et leurs aptitudes, mais ce serait sortir du sujet que d'en parler dans ce chapitre consacré aux afflictions. L'idée ici était seulement d'illustrer le fait que l'esprit dualiste trouve certaines afflictions « normales » quand elles l'arrangent. « C'est humain ! » entend-on dire parfois à l'ombre des platanes, ce qui sous-entend une définition de l'humain excluant le sage.

Enquête

Cette enquête (Utilisation... à Effets...) aborde le concept d'affliction dans une perspective de bien-être et de sagesse, l'objectif étant de l'empêcher de nous aliéner par son venin ou de faire de nous son esclave.

Utilisation erronée des afflictions

Contrairement à une opinion abondamment répandue, il est possible de réduire et même de se libérer d'une affliction, qu'elle fasse partie ou non du caractère. Cette tâche demande plus ou moins de temps, et surtout une volonté sincère de transformation. En tout premier lieu, il est nécessaire de prendre conscience de l'affliction et la reconnaître en tant qu'erreur, ce qui n'est pas facile pour l'esprit dualiste qui a tendance à chercher les poux chez les autres plutôt que de regarder ses propres tares.

Les afflictions sont parfois encouragées sous prétexte qu'elles seraient vitales, ou feraient partie d'un certain mode de vie, c'est oublier qu'elles sont des énergies négatives qui font obstacle au bien-être et à la sagesse. Par exemple, l'idée du « dépassement de soi » lié à l'esprit de compétition aliène totalement l'individu, crée des besoins qu'il n'aurait pas sans cette pression et l'oblige parfois à frauder pour parvenir à ses fins. Cet esprit de compétition qui est lié à l'orgueil, la jalousie et l'avidité, renforce le soi plutôt que de le dépasser. Le « dépassement de soi » colporté dans les gazettes sportives est le contraire du dépassement du « soi » préconisé dans les voies de sagesse.

Si l'on reste sur le plan mondain dualiste, il est difficile de comprendre l'aspect illusoire des afflictions. Penser par exemple que la colère n'est qu'une illusion semble peu adéquat, compte tenu des dégâts qu'elle peut causer. Il faut se rappeler que dans ce cahier l'illusion a pour sens la croyance selon laquelle la colère existe d'une façon autonome, qu'elle a une essence, l'opinion selon laquelle par exemple elle fait partie de notre caractère et ne peut disparaître. Or son existence dépend de conditions, ce qui permet de l'éviter et même de la déraciner. Quand un sujet croit en l'existence réelle et autonome de la colère, son aveuglement le pousse à s'en saisir et à la faire sienne. S'il savait qu'elle n'existe pas ainsi (comme un objet), il s'en détacherait spontanément. Le problème est que cette croyance est inconsciente, qu'elle est devenue une habitude, une sorte de réflexe aveugle.

Si l'on pouvait observer le surgissement de la colère au ralenti, en utilisant la métaphore de l'océan, on verrait se constituer des rides à la surface de cet océan que nous sommes, puis nous serions tellement fascinés par la vague qui se forme à partir de ces rides que nous en oublierions notre réalité d'océan. Nous ne serions plus que cette vague furieuse, passant ainsi de la tranquillité d'être à une colère étrangère et combattante, prête à fendre un ennemi totalement vide.

Au cours du temps, la pensée de colère s'est accumulée pour devenir solide et dominatrice. À chaque pensée ou acte de colère, la tendance colérique se renforce, prenant de plus en plus d'importance dans la vie, allant même jusqu'à la transformer en enfer. La tendance à la colère résulte d'un entassement de pensées de haine, de répulsion, de contrariété, d'aversion, de dégoût, d'inimitié, etc. En amassant des pensées de patience, de calme, de persévérance, de courage, d'indulgence,... la colère va perdre sa superbe, elle pourra plus facilement être apprivoisée, car la patience est l'antidote à la colère. Son éradication totale exige cependant la pratique de méditations libératrices.

Absence de nature propre des afflictions

Les afflictions n'ont pas de nature propre puisqu'elles apparaissent en dépendance de causes et de conditions. La colère par exemple ne peut exister en elle-même puisqu'elle est conditionnée par le comportement d'un interlocuteur, le visage d'un ennemi, une tendance intérieure, un état physique ou psychique, etc. Quand ces conditions ne sont pas réunies, il n'y a pas de colère.

À un certain moment, la colère a besoin d'être « saisie » pour se manifester, et cela n'est possible qu'avec la conviction (en général inconsciente) qu'elle existe substantiellement. Si la colère n'est plus envisagée comme une chose véritablement existante, aucune saisie n'est effectuée puisqu'il n'y a aucun intérêt à s'approprier du vide. C'est donc la croyance en la substantialité de la colère qui constitue le problème. S'il n'y avait pas cette croyance de la part d'un individu, s'il ne la prenait pas inconsciemment pour quelque chose de solide et d'autonome, pour une sorte d'objet réel, il ne se laisserait pas dominer par elle. S'il ne croyait pas en sa réalité substantielle quand elle envahit son paysage mental, il la laisserait passer sans la saisir, et il ne réagirait pas au moyen d'actes néfastes comme la vengeance, la violence…

Voici une observation sommaire de ce qui se passe en nous lorsque nous nous mettons en colère. Viennent d'abord des sensations désagréables, une tension, puis nous entrons dans un état d'aveuglement couplé à une formidable énergie de répulsion. Au début il y a aussi une modification de l'atmosphère mentale, un rétrécissement de la conscience qui perd sa qualité d'ouverture, la perte de la lucidité puis le rapt de la colère, et enfin nous sommes persuadés que nous sommes en colère, que tout notre être est en colère. C'est entre les premiers remous de l'atmosphère mentale et le sentiment d'être la colère que s'insinue la croyance en l'existence substantielle de la colère, condition nécessaire à la décharge de son énergie. Lorsqu'on recherche la colère en soi, on ne la trouve pas, elle est vide, insaisissable. Le sujet en colère est également vide. Ni la colère ni le sujet en colère n'ont d'essence propre.

Pour supprimer la colère, il suffirait d'éliminer toutes les conditions qui la déclenchent, mais ce traitement risquerait d'être sans fin. La solution à base de calmants n'est qu'une rustine qui fonctionne en obscurcissant la conscience (son effet est dit « tamasique » dans le langage de l'Inde). Cette solution ne résout rien durablement et ne peut être utilisée que temporairement par un candidat à la sagesse. Il est facile de comprendre que les traitements opacifiants sont impropres à une voie de sagesse qui demande une pleine lucidité.

L'exemple de la colère peut être généralisé à toutes les afflictions.

Afflictions et tétralemme

La technique du tétralemme permet de réduire l'illusion d'une existence autonome et substantielle de la colère, attribuée inconsciemment par l'esprit dualiste par le fait qu'il se l'approprie. Voici les quatre propositions :

(1) La colère existe.
(2) La colère n'existe pas.
(3) La colère existe et n'existe pas.
(4) Ni la colère existe ni elle n'existe pas.

On réfléchit alors sur chaque proposition une par une, en utilisant l'intuition. Dans le cas où l'on ne se sentirait pas capable de passer directement à l'intuition, on peut s'aider du paragraphe ci-dessous consacré aux commentaires, sachant qu'il est préférable de les remplacer par ses propres réflexions.

Placement de l'intuition

Avec notre intuition, nous posons l'esprit aussi longtemps que possible sur les propositions 1 à 4, silencieusement, sans les commenter, puis nous nous concentrons sur l'ensemble des quatre propositions.

Commentaires

Proposition 1 : « La colère existe ». Il est facile de voir quand une personne est en colère. Elle devient incohérente et elle peut user de la violence. La colère est quelque chose de réel que nous pouvons expérimenter en certaines circonstances, quelque chose qui nous domine entièrement.

Proposition 2 : « La colère n'existe pas ». La colère n'est une illusion parce que nous ne l'avons jamais vue. Nous pouvons observer le visage de personnes en colère, remarquer leur comportement violent, mais nous n'avons jamais vu la colère elle-même. Certaines personnes ne se mettent jamais en colère, elles ne comprennent même pas comment cela peut arriver. La colère semble liée à la personne, et en plus elle dépend de la réunion au même instant de conditions extérieures et intérieures, ce qui laisse présager qu'elle n'a pas d'existence intrinsèque. Elle n'est pas quelque chose de substantiel que nous pouvons saisir. C'est comme si nous voulions empoigner l'espace. En cherchant la colère en nous, nous ne voyons que du vide.

Conclusion

En conclusion, on ne peut rien affirmer sur l'existence de la colère, le concept d'existence n'est pas valide en ce qui concerne la colère. Cette compréhension de la non validité du concept prépare aux méditations libératrices sur la vacuité.

L'idée d'existence ramène toujours au permanent et au substantiel, alors que tout est interdépendance et mouvement, flux d'apparitions conditionnées, rien de permanent. Si notre conscience dualiste pouvait prendre en compte le caractère « insaisissable » des afflictions, elle ne se laisserait pas prendre à leur jeu, mais elle est distraite lorsque l'affliction vient la perturber, et la lucidité arrive trop tard, si jamais elle survient.

Dépassement des voiles

Les afflictions sont des réactions à des pensées, à des paroles ou à des actes. Ces conditionnements se libèrent par la purification des voiles émotionnels et cognitifs. Le problème est de savoir si l'homme est capable de dépasser ses conditionnements karmiques pour faire l'expérience de l'inconditionné, ce qui n'est pas évident au départ car il est impossible (pour le « moi »), de se conditionner au non conditionnement. Ce dépassement n'est envisageable qu'en sortant de la dualité sujet-objet. Il y a donc quelque chose d'autre à faire que de raisonner, de raisonner encore et toujours, quelque chose que ne permettent pas les outils conceptuels et que proposent la méditation et la connaissance non duelle.

S'il est impossible de se conditionner à l'absence de

conditionnements, il est envisageable de se conditionner à des conditionnements positifs, lesquels facilitent l'accès au non conditionnement. Ainsi, en règle générale, on se débarrasse d'abord du karma négatif puis du karma positif.

Effets de l'examen des afflictions

En comprenant l'illusion de saisir les émotions perturbatrices (comme des réalités), nous sommes motivés pour accroître notre vigilance intérieure et éviter ainsi de tomber dans les pièges émotionnels, sources de mal-être. À plus long terme, la compréhension (suivie d'une pratique méditative libératrice), que les afflictions ne sont que des illusions sans réalité propre, permet de les éliminer à la racine et d'avancer sur le chemin de sagesse.

∘ Moment 14

Nous sommes tranquilles,
Nous n'attendons rien.
Une profonde paix recouvre le toit,
Imprègne les environs urbains et campagnards,
Nous la ressentons aussi dans l'invisible lointain…

Dirigeons l'attention sur notre corps
Avec notre regard intérieur…
Nous nous intéressons d'abord à nos épaules.
Prenons contact avec elles.
Nous les ressentons, leur chaleur et leur vie.

Puis concentrons-nous sur nos bras et nos mains.
Y déposant une conscience de calme…
Bras, coudes, avant-bras,
Poignets, mains et doigts,
Tout est calme, vivant et heureux…

Passons à présent au cou et à la nuque.
Déposons-y une conscience de calme…
Ressentons cette tranquillité, cette vie, cette chaleur…

Notre attention se porte à notre tête.

Déposons une conscience de calme sur le menton,
Également sur les joues, la bouche et le nez,
Sur les oreilles, le front et le crâne...
N'oublions rien de notre visage et de notre tête.
Sentons la chaleur et la vie qui y circulent,
Et savourons la délicieuse infusion de tranquillité...

Nous avons scanné toutes les parties de notre corps.
Nous avons exploré notre constitution physique dans ses détails.
Laissons notre esprit s'imprégner de son calme,
Et laissons les efforts, tensions et tracas
Retourner dans leur nid insoucieux...

Le corps

Collection d'opinions que le lecteur remplacera avantageusement par les siennes.

Ce chapitre examine la croyance au concept de corps. Après un énoncé du point de vue dualiste, une enquête permet d'en voir les insuffisances dans un cheminement vers le bien-être et la sagesse.

Sont abordés les sujets suivants :
- Vue dualiste,
- Enquête,
- Le corps est éphémère,
- Le corps pendant le sommeil,
- Le corps n'a pas de substance,
- Le corps en tant qu'objet d'attirance ou de répulsion,
- Sommes-nous le corps ?,
- Le corps et l'esprit,
- Le tétralemme appliqué au corps
- Effets de l'examen du concept de corps.

Vue dualiste

Pour l'esprit dualiste, le corps humain est matériel. Il a un poids, une forme, des couleurs, il dispose d'une certaine solidité et occupe un certain volume. Il est petit à la naissance, puis il se développe, et à la mort il se transforme en cadavre et se décompose. Le corps est le support d'actes physiques comme le déplacement, etc. Par ses aspects sensoriels, il permet de communiquer avec le monde extérieur. Nous savons que le corps n'est pas permanent, mais nous ne pensons à sa fugacité qu'en cas de problème et agissons le reste du temps comme s'il était immortel.

Pour la science physique, le corps est moins matériel qu'il ne le paraît, et il semble constitué de beaucoup d'espace et d'indéterminations. Au niveau infinitésimal, le savoir sur la matière doit se contenter de statistiques.

Enquête

Cette enquête (Le corps... à Effets...) aborde le concept de corps dans une perspective de bien-être et de sagesse, l'objectif étant de l'empêcher de nous aliéner par son venin ou de faire de nous son esclave.

Le corps est éphémère

Le corps humain est éphémère, il n'existe qu'entre la naissance et la mort, et sauf exception ne dure pas plus que cent vingt ans. La médecine permet de retarder le décès, mais ne peut rendre immortel. Tout ce qui est né disparaît un jour parce qu'il est composé, et qu'en tant que tel il va se décomposer, c'est-à-dire disparaître quand les conditions de son maintien ne seront plus assurées. Nous ne conservons pas le même corps de vie en vie.

Le corps pendant le sommeil

Pour un individu, le corps physique n'existe que pendant la veille. Il ne peut rien savoir de ce qu'il en est pendant ses rêves et son sommeil profond. Cependant, chacun peut observer le corps d'autres personnes établies dans un sommeil profond et en « déduire » par projection que son propre corps physique ne disparaît pas pendant le sommeil. Dans le cas de l'observation d'autres personnes, le corps est considéré de l'extérieur par l'intermédiaire du système sensoriel, alors que dans le premier cas il s'y ajoute l'expérience intérieure du corps par la personne concernée.

Le corps n'a pas de substance

Le corps est un concept dont le nom est « corps », et la représentation mentale un ensemble de parties comme la tête, le thorax, l'abdomen, les membres supérieurs et inférieurs. Ces parties sont elles-mêmes des concepts. La tête, par exemple, est formée du crâne, du front, des oreilles, du nez, de la bouche, du menton, etc. Le front est formé de peau, d'os, de vaisseaux sanguins, etc. On peut continuer ainsi jusqu'aux cellules et aux atomes, et plus loin encore là où les choses perdent leur détermination, on ne trouvera jamais de matière. Ainsi le corps qui paraissait si solide avant analyse, n'est qu'un composé fait de composés et ainsi de suite sans que l'on puisse arriver à une substance.

La perception dualiste ne voit pas véritablement le corps mais un concept très complexe appelé « corps » qui n'existe que par ses composantes. Sans elles, il n'y a pas de corps. Comme notre « moi » se base en partie sur ce corps pour se croire existant, sa référence n'a pas de réelle substance mais ressemblerait plutôt à un espace vide. En réduisant sa croyance en un corps solide et permanent, on réduit sa croyance en l'existence du « moi » et un certain nombre d'afflictions, comme la peur et l'attachement.

Pour se libérer de cette identification au corps, et le voir pour ce qu'il est vraiment, on peut le décomposer en ses parties par la pensée, puis analyser chacune de ses parties, et ainsi de suite jusqu'au moment où il ne reste plus rien à analyser. Une autre façon consiste à l'observer directement de l'intérieur, sans passer par le système sensoriel et les concepts, et quand l'attention sera stabilisée, il n'apparaîtra plus qu'en tant que bulle transparente et immatérielle, un simple espace vide.

Le corps, objet d'attirance ou de répulsion

Bien que dénué de substance, le corps est perçu par l'esprit dualiste comme un objet de désir ou de rejet. Cette surimposition erronée crée des afflictions d'attachement ou d'aversion. Si on enlevait la peau d'un corps, il perdrait son pouvoir d'attraction. Le côté attirant ou repoussant est donc une illusion ajoutée par l'esprit, mais sans la moindre réalité objective. Un corps qui semble beau pour l'un peut paraître banal pour un autre. Le même corps qui provoque de l'attirance chez un individu à un moment donné peut devenir sans intérêt et même désagréable quelque temps plus tard.

Pour réduire l'attachement au corps, on peut le visualiser comme un cadavre ou le voir se décomposer progressivement pour se recomposer ensuite, l'objectif n'étant pas de bloquer l'attirance au corps, mais plutôt de réduire l'obsession pour l'attirance, c'est-à-dire de stopper la culture de l'attirance. L'attirance naturelle n'est pas du tout gênante, mais s'y attacher de manière excessive ou la rechercher peut générer un karma nuisible à la libération de l'existence conditionnée. La répulsion pour un corps a des effets similaires à l'attirance, une aversion nourrie produisant un karma néfaste à la libération. En outre le déni de l'attirance peut altérer la santé physique et mentale. Il y a donc un juste milieu à conserver dans la manière d'envisager le corps.

Sommes-nous le corps ?

Nous nous identifions au corps quand par exemple nous disons que nous descendons de voiture, que nous prenons notre bain, que nous avons mal au pied, etc. Cette identification a lieu spontanément dans de nombreuses circonstances. Cependant, lorsque nous examinons le corps, nous ne trouvons rien qui soit nous. Ce paradoxe ne semble ennuyer personne. Même si nous prétendons avoir un corps plutôt qu'être un corps, nous agissons comme si nous étions ce corps dans la réalité quotidienne. En effet nous ne disons pas : « je vais entrer mon corps dans la voiture », mais : « je vais entrer dans la voiture. »

Corps et esprit

Le terme « esprit » est pris ici dans le sens bouddhique, et non selon la signification utilisée en psychologie. L'esprit est très vaste, il est illimité et ne se restreint pas aux quelques fonctions du cerveau. Il contient notre corps, mais aussi tous les mondes, tous les paradis et enfers, etc. L'esprit est individuel. Il est différent du concept d'âme en ce sens qu'il n'est pas un sujet, la notion de sujet étant propre à l'incarnation. L'esprit serait plutôt un empilage d'instants d'expérience.

La relation du corps et de l'esprit est difficile à éclairer. L'esprit se lie au corps au moment de la naissance. Durant l'existence, le corps et l'esprit sont indissociables. L'esprit est immatériel, et le corps n'est matériel qu'à un niveau de perception grossier et statistique. Il est difficile d'admettre l'existence d'un véritable lien entre l'immatériel non fabriqué et une apparence statistique, composée et fabriquée.

Voici deux images qui permettent de s'interroger sur le lien entre le corps et l'esprit.

> Première image : un iceberg au milieu de la mer. On examine le lien entre la mer et l'iceberg, la mer étant l'esprit et l'iceberg le corps.
>
> Deuxième image : un être possédé par un rêve. Imaginons un être possédé par un rêve constitué d'un ensemble de formes sur lesquelles il peut agir partiellement, qu'il peut imprégner de sa présence. Supposons qu'il s'identifie à ce rêve, et qu'il l'appelle

son corps. Admettons qu'il s'agrippe à ce rêve au point de ne pouvoir s'en séparer, que ce rêve devient une intense obsession.

Dans la perspective matérialiste où l'esprit émane du corps, l'esprit meurt en même temps que le corps. Dans la perspective spirituelle, certains aspects de l'esprit qui étaient déjà là avant la naissance, demeurent après la mort. Dans ce dernier point de vue, notre identité n'est pas le « moi » d'une incarnation, mais un continuum de conscience (contaminé par des empreintes karmiques). Notre « renaissance » n'est pas la renaissance du « moi » de l'existence précédente, mais une naissance produite à partir d'empreintes karmiques contenues dans le continuum de conscience qui aboutira à un « moi » totalement différent. Une renaissance ne fait pas de nous des revenants, car il n'y a pas de « moi » pour revenir.

Corps et tétralemme

Nous pouvons utiliser le tétralemme pour réduire notre identification à un corps permanent et substantiel. Voici les quatre propositions :
(1) Le corps existe.
(2) Le corps n'existe pas.
(3) Le corps existe et n'existe pas.
(4) Ni le corps existe ni le corps n'existe pas.

On réfléchit alors sur chaque proposition une par une, au

moyen de l'intuition. Dans le cas où l'on ne se sentirait pas capable de passer directement à l'intuition, on peut s'aider du paragraphe ci-dessous consacré aux commentaires, sachant qu'il vaut mieux les remplacer par ses propres réflexions.

Placement de l'intuition

Avec notre intuition, nous posons l'esprit aussi longtemps que possible sur les certitudes 1 à 4, silencieusement, sans les commenter, puis nous nous concentrons sur l'ensemble des quatre propositions.

Commentaires

Proposition 1 : « Le corps existe. » Les humains ont un corps, les animaux également. Nous en avons besoin pour nous déplacer, pour communiquer avec les autres, pour la sexualité, pour avoir des enfants, etc. Socialement nous sommes d'abord identifiés par notre corps. Les prisons sont remplies de corps et non de purs esprits. Ce corps a une certaine dimension, une certaine masse, un certain nombre de fonctions, etc. Il ne fait aucun doute que le corps existe.

Proposition 2 : « Le corps n'existe pas. » Quand on regarde de plus près ce qu'est un corps, on découvre un assemblage d'éléments, mais dans aucun de ces éléments on ne peut trouver ce qu'on appelle un corps. Ce n'est qu'une dénomination, et pourtant nous le prenons pour une réalité, et nous nous identifions à lui sans remarquer que nous nous assimilons à un concept, une simple abstraction. Le corps n'existe pas.

Conclusion du tétralemme

En conclusion, on ne peut rien dire sur l'existence du corps. Cette capitulation de l'intellect ne suffit pas en elle-même, et il faut poursuivre par des méditations sur la vacuité du corps.

Effets de l'examen du concept de corps

Pour conclure ce chapitre, on peut affirmer que la compréhension de l'absence de substance du corps permet de moins s'y attacher, d'être moins soumis aux afflictions qui lui sont liées comme l'attirance, la répulsion et la peur de la mort, ce qui pacifie l'esprit et accroît le bien-être. La même compréhension (suivie par la réalisation méditative) que le corps n'a pas de substance permet de se libérer d'un attachement illusoire, ce qui réduit la croyance au « moi » et lève un obstacle à la sagesse.

◦ Moment 15

L'esprit est totalement calme et présent,
Au-delà des attentes…
Corps et esprit sont apaisés…

Notre respiration est lente, souple et profonde.
Nous sentons le souffle circuler dans tout notre corps,
Comme une onde bienveillante…

Nous savourons encore et encore ce calme,
Celui de notre corps, de notre souffle et de notre esprit.
Nous sommes recueillement et ouverture,
Et nous éprouvons une joie transparente…

Non seulement nous sommes tranquilles de corps et d'esprit,
Mais la pièce où nous sommes, elle aussi,
Respire le calme et une profonde paix…

Élargissons notre champ de conscience aux alentours.
Dans notre imaginaire, sentons le calme
Se répandre majestueusement dans le voisinage…
Regardons autour de nous avec l'œil de l'imagination,
Et voyons que tout est tranquille, limpide et reposé…
Il en est de même pour la région et le pays…

Agrandissons encore notre champ d'investigation,
Voyons le calme envahir le continent et la terre.
La paix règne également sur le monde,
Tout l'univers jouit d'une profonde quiétude...

Nous demeurons nous-mêmes dans le recueillement,
Avec la conviction que l'univers entier
Est un havre de calme, de sérénité et de paix,
Que rien ne peut altérer...

Nous demeurons dans cet état
Aussi longtemps qu'il nous est agréable...

Les phénomènes extérieurs

Collection d'opinions que chaque lecteur remplacera avantageusement par les siennes

Ce chapitre est consacré aux phénomènes extérieurs. On y expose tout d'abord le point de vue dualiste, puis le sujet est investi de manière plus approfondie dans une perspective de bien-être et de sagesse.

Sont abordés les sujets suivants :

- Vue dualiste,
- Enquête,
- Phénomènes extérieurs et afflictions,
- Confusions,
- Absence de substance des phénomènes extérieurs,
- Questionnements,
- Effets de l'examen des phénomènes extérieurs.

Vue dualiste

Dans la vue dualiste, la perspective mondaine, les phénomènes extérieurs sont perçus à travers les cinq sens, contrairement aux phénomènes intérieurs purement mentaux. Ainsi un phénomène extérieur possède des caractéristiques visuelles comme la forme et la couleur, sonores comme la hauteur et le timbre, tactiles comme la dureté ou la douceur, olfactives comme la fragrance et la puanteur, gustatives comme le salé et le sucré.

La perception à travers le lien sensoriel est considérée comme l'émanation d'une réalité extérieure appelée réalité physique.

Enquête

Cette enquête (Examen... à Effets...) aborde le concept de « phénomène extérieur » dans une perspective de bien-être et de sagesse, l'objectif étant qu'il ne puisse plus nous aliéner par son venin ou faire de nous son esclave.

Phénomènes extérieurs et afflictions

La vue dualiste des phénomènes extérieurs n'est pas adaptée à la transformation intérieure. Elle a pour conséquence de générer des émotions affligeantes nuisibles au bien-être et à la sagesse. Il arrive que l'apparition d'un individu entraîne de la colère parce qu'il est associé à un concept dont la représentation mentale comporte une idée d'hostilité. Une vue dépouillée de surimposition conceptuelle permettrait de réduire et même de supprimer l'animosité.

Autre exemple : supposons que nous avons acheté un vase que nous estimions très beau. Nous nous attachons à ce vase. Si un matin nous le trouvons à terre en morceaux, nous pouvons ressentir de la colère. Cet exemple fait intervenir deux afflictions : l'attachement et la colère. La compréhension de la véritable nature du vase, suivie de méditations libératrices, peut réduire et finir par éliminer les afflictions qui lui sont liées. Il en est de même pour tous les phénomènes extérieurs.

Confusion entre le concept, sa représentation mentale et l'objet concret

L'esprit dualiste entre en relation avec les formes, et produit le concept de l'objet perçu. En dehors de tout examen approfondi, le concept, sa représentation mentale et l'objet tangible sont la même chose. Cette confusion nous entraîne à réagir de manière subjective, avec attachement et aversion.

Un concept est un nom associé à une représentation mentale. Il s'adapte à de nombreux objets de même représentation. Par contre, un objet est concret, il est le fruit d'une perception dualiste faisant intervenir des liens sensoriels. Le concept n'est pas l'objet en tant que tel mais l'ensemble d'un nom et d'une représentation mentale qui lui sont attachés par l'esprit dualiste. Préoccupé par le seul concept, l'esprit conceptuel oublie l'objet particulier. Il est donc nécessaire de se libérer de la croyance irrépressible que le concept est l'objet particulier lui-même.

Les phénomènes extérieurs n'ont pas de substance

Aucun objet perçu n'existe indépendamment comme une entité distincte à part entière. Il n'est que la réunion de parties, elles-mêmes réunions de parties. À la fin de cette d'analyse par divisions successives, il n'y a plus que d'infimes particules, l'objet substantiel n'existe donc jamais. Ces infimes particules sont divisibles à l'infini, du fait qu'elles ont nécessairement plusieurs faces. Une analyse plus expérimentale aboutit à des particules indiscernables.

Aucun objet extérieur n'est constitué d'une unité indivisible unique, et ses dimensions sont interdépendantes. Autrement dit, tous les objets extérieurs sont composés et leurs dimensions sont relatives.

Puisqu'ils sont composés, les phénomènes extérieurs n'ont pas de substance : à l'issu de leur décomposition analytique, il ne reste rien. Ils consistent en des apparitions qui se manifestent à un niveau de perception procédant d'une intégration statistique. Comme on n'y trouve pas de substance, ils sont semblables au rêve : les apparitions oniriques sont également non substantielles, les rêves étant produits à l'aide de formes imaginaires.

Par exemple, lorsqu'on pense à une chaise, on lui associe inconsciemment une substance, une indépendance et une permanence, alors qu'elle est un composé de composés à l'infini sans la moindre substance. En outre elle dépend d'une quantité de phénomènes, elle a été fabriquée un jour, et dans le futur elle sera inutilisable et ne méritera plus le nom de chaise.

Questionnements

Il est utile d'aborder quelques questionnements permettant de mettre en doute nos opinions sur les phénomènes extérieurs. L'objectif n'est pas de remplacer nos savoirs par des indéterminations, mais de réaliser l'insuffisance de l'esprit dualiste pour comprendre la nature véritable des phénomènes. Cette réalisation oriente la motivation vers la connaissance directe.

Sont abordées les interrogations suivantes :
- Que transmet à l'esprit la faculté sensorielle ?
- Quelle part d'imaginaire dans les phénomènes extérieurs ?
- Quelle est la nature des formes ?
- Comment les phénomènes extérieurs existent-ils ?

Que transmet à l'esprit la faculté sensorielle ?

On peut se demander ce que la faculté sensorielle transmet à l'esprit, dès lors que sa fonction est d'établir le lien entre l'intérieur et l'extérieur. Cependant il n'est pas impossible que cette faculté se contente de créer un lien entre la conscience et une « élaboration imaginaire » de son cru. Dans cette hypothèse, notre mental serait relié à une image du genre « cinématographique » qui n'a aucun rapport avec une quelconque réalité physique extérieure. Il existe bien chez chacun l'idée que notre système sensoriel nous unit à quelque chose qu'on appelle l'extérieur, cela semble évident car on n'imagine pas des arbres, des immeubles, des voitures et des océans dans notre mental.

La science mondaine présente tout un processus qui part d'un objet et arrive à notre récepteur visuel au moyen d'ondes électromagnétiques. L'extérieur projetterait en bout de chaîne une image intérieure gérable par le cerveau. Il reste le problème de savoir ce que le système sensoriel (y compris le cerveau) transmet à l'esprit. On peut remarquer que l'esprit, la conscience, n'a pas de forme et ne peut être divisé, tandis que le cerveau est un organe matériel. On ne peut pas prendre l'esprit dans sa main et le transporter. Qu'est-ce que la matière pourrait-elle bien transmettre à l'immatériel ?

Quelle part d'imaginaire dans les phénomènes extérieurs ?

Nous voyons des couleurs et des formes (dans l'aspect visuel, mais le même raisonnement peut s'appliquer aux autres sens). La science mondaine est d'accord avec l'idée qu'il n'y a pas de couleur dans la nature. L'expérimentation montre qu'il existe des fréquences électromagnétiques (dans le monde des mesures physiques) mais jamais de couleurs, celles-ci étant des interprétations de l'esprit. À chaque fréquence (du monde des mesures) peut être associée une couleur (dans le mental), mais cette couleur ne fait pas partie de la nature. Une fréquence n'a pas de couleur. Les cônes de l'organe visuel réagissent pour donner une information qui deviendra une couleur dans l'imaginaire de l'esprit, mais ce n'est pas une couleur extérieure qui est transmise telle quelle dans l'esprit. Il n'y a pas de couleur au niveau de l'atome ni au niveau de la nature dont nous ne connaissons, si elle existe, que ce que veut bien transmettre notre perception psychosensorielle. Lorsqu'on considère une couleur de manière honnête, on ne peut rien en dire en absolu. Il est possible de la reconnaître ainsi que ses nuances, mais on ignore ce qu'elle est, elle semble aussi inaccessible qu'un songe.

Cependant, on ne peut pas dire qu'elle n'existe pas, puisqu'on est capable de l'identifier.

Quelle est la nature des formes ?

Les formes sont également des élaborations de l'esprit conceptuel. Un cercle n'existe pas dans la nature. Un monument circulaire ne pense pas qu'il est circulaire. Le cerveau, qui est un réseau de neurones, ne sait pas qu'il dessine un cercle. Le cercle est un concept : un nom lié à une représentation mentale et non à la nature elle-même.

Comment les phénomènes extérieurs existent-ils ?

À présent, on examine comment existent les phénomènes extérieurs, à quoi ressemble leur « univers ». Trois hypothèses, parmi un ensemble indéterminé, sont envisagées ici pour les expliquer : soit ils existent à l'extérieur, soit ils existent à l'extérieur mais d'une façon différente de celle que perçoit l'esprit dualiste, soit ils n'existent pas du tout à l'extérieur mais sont le fruit d'un processus interne à l'esprit.

Première hypothèse

La première hypothèse (les phénomènes extérieurs existent bien à l'extérieur) est celle du bon sens dualiste. Nous sommes conditionnés à cette croyance. Il est évident que les phénomènes existent à l'extérieur. On ne se pose même pas la question de savoir si l'extérieur existe, c'est tellement évident puisqu'il suffit d'ouvrir les yeux pour le voir, et qu'en plus tous les autres pensent de même. Cette solution sous-entend que nos sens renvoient des informations de l'extérieur, et cette idée est vraie si l'on appelle « vérité » ce qui est commun à tous les êtres humains. Pour l'esprit dualiste, le mot « extérieur » est associé à une expérience multi sensorielle commune et interactive, et l'intérieur, c'est nous, autrement dit l'esprit dualiste. Nous sommes cachés quelque part dans notre corps, ou bien nous sommes localisés au même endroit que lui. Nous sentons bien que nous sommes dans la même enveloppe que notre corps, même si nous ignorons où exactement. Pour résumé cette hypothèse, notre esprit est en contact avec le système sensoriel, lui même en contact avec l'extérieur.

Deuxième hypothèse

Dans la deuxième hypothèse (les phénomènes existent bien à l'extérieur, mais d'une façon différente de celle qui est perçue par l'esprit), ce que l'on perçoit n'est qu'une interprétation de ce qui est dans la nature. La nature est inconnue en elle-même, nous n'en connaissons qu'une image mentale élaborée par le processus psychosensoriel semblable chez tous les hommes qui dès lors expérimentent un monde à peu près identique. L'extérieur existe, mais nous ne savons pas sous quelle forme, cependant notre esprit reçoit les images générées par un dispositif qui rend l'extérieur perceptible, et nous pouvons vivre en fonction de la réalité virtuelle que ce dispositif nous propose. Il en est ainsi pour tous les êtres. Comme dans la première hypothèse, l'extérieur existe bien, mais ici on n'a accès qu'à une image de celui-ci, de nature différente, la réalité extérieure nous étant inaccessible. Dans cette hypothèse la faculté sensorielle ne transmet pas la réalité extérieure elle-même. Pour résumer, notre esprit est toujours en contact avec le système sensoriel lui même en contact avec l'extérieur, mais cet extérieur étant inconnu, ce que l'on croit être la nature n'est qu'une fabrication psychosensorielle. Cette deuxième hypothèse précise la première et relativise notre croyance en une réalité extérieure indépendante de notre perception.

Troisième hypothèse

Dans la troisième hypothèse (les phénomènes n'existent pas du tout à l'extérieur mais sont le fruit d'un processus interne à l'esprit), la nature est dans l'esprit ou bien elle est elle-même une manifestation de l'esprit. Le corps, le système sensoriel, la nature, l'extérieur sont dans l'esprit, il n'y a rien en dehors de l'esprit. L'esprit contient les images de tout l'univers, de tous les êtres, de tous les paradis et enfers, etc. Il contient également l'image que nous avons de nous-même.

Méditation et phénomènes extérieurs

La méditation travaille sur des images et concepts intérieurs car ce sont eux qui nous affectent et non la réalité extérieure elle-même, si elle existe. Pour se libérer des afflictions liées aux phénomènes extérieurs, il suffit donc de travailler sur leur image intérieure, ce qui est compatible avec les trois hypothèses.

Effets de l'examen des phénomènes extérieurs

En conclusion, voir les phénomènes extérieurs comme non substantiels, non permanents et dépendants permet de réduire l'attachement à ceux-ci, sources d'afflictions et de mal-être. À plus long terme, cette même compréhension permet de faire en direction de la sagesse un premier pas qui doit être prolongé par des méditations libératrices.

◦ Moment 16

Nous sommes totalement détendus,
Posés dans le présent...
Et nous fixons notre esprit
Sur le sentiment d'être le corps,
Sans le juger beau ou disgracieux,
Malade ou sain, plaisant ou douloureux...

Qu'en est-il de ce corps
Qui nous accompagne de la naissance à la mort...

Soyons seulement présent
Au sentiment d'être le corps,
Sans aucune distraction...

Libérés des dérives émotionnelles,
Pensons « Je suis le corps »...

Gardons une présence au corps,
Et demeurons longuement dans cet état...

Quand nous nous concentrons
Sur le sentiment d'être le corps,
Nous ne voyons rien,

Comme si ce corps était vide...

Nous nous identifions au corps à tout instant,
Sans même le savoir.
Mais ici dans notre ouverture intérieure,
La conscience est vive et riche,
Et pourtant de ce corps nous ne voyons rien...
Ce corps est vide,
Ce refuge auquel nous nous identifions.
Ne comporte rien de solide,
Rien à quoi s'agripper...

Pensons encore : « Je suis le corps »,
Sans autre pensée.
Gardons une présence au corps.
Rien d'autre que...
La beauté d'un silence d'or...

Même le corps mène au large,
Prenons le temps.
Prenons vraiment le temps...

Qu'en est-il de ce corps ?
Demeurons dans le « qui suis-je ? »
Suspendus à cette noble interrogation,
Dans la félicité d'un silence flamboyant...

Lexique

Ce chapitre présente par ordre alphabétique les définitions de quelques éléments de vocabulaire utilisés, avec la signification qui leur est attribuée dans ce cahier, éventuellement différente des définitions académiques.

Conditionnements

Conditionnements qui empêchent de se libérer du cycle des existences, conditionnements karmiques. Le mode d'existence conditionné est le mode d'existence dualiste soumis aux perturbations génératrices de souffrance. Les notions d'ego, de moi, de soi, de tendances, d'afflictions, de souffrances, de mal-être, de karma sont liées à ce type d'existence.

Esprit

L'esprit est défini comme « ce qui expérimente ». Le mot est la plupart du temps remplaçable par le terme de conscience, dont il regroupe les aspects et les niveaux. L'esprit est présent dans le seul mode dualiste d'existence. Libéré des voiles grossiers et subtils, il se transforme en sagesse. L'esprit a un sens beaucoup plus vaste que le sens qu'on lui attribue dans la vie courante et en psychologie, il n'est pas synonyme de cerveau dont le rôle se réduit au support d'un aspect particulier de l'esprit.

Illusion dualiste

Dans ce cahier, l'illusion dualiste est définie comme une perception considérée comme vraie dans le domaine dualiste et mondain, mais qui s'effondre dans une analyse méditative plus subtile. Il s'agit donc de la croyance selon laquelle les objets de perception correspondent à une réalité substantielle et autonome. Par exemple un phénomène peut sembler autonome, tandis qu'une étude minutieuse montre qu'il n'existe qu'en dépendance d'autres phénomènes.

L'illusion dualiste est donc synonyme de cette vérité ordinaire qui va de la perception spontanée des personnes de bon sens à l'expérimentation sophistiquée de la science mondaine. Le concept d'illusion dualiste, qui permet de mettre en doute l'absolutisme de la vérité ordinaire, n'est utile qu'aux personnes qui souhaitent une transformation intérieure. Néanmoins elle peut être profitable aux candidats au bien-être temporaire en leur donnant plus de recul et de « légèreté » dans la vie quotidienne.

Le mot « illusion » a été choisi dans ce cahier parce qu'il contient l'idée de perception erronée, mais il ne correspond pas à sa définition habituelle parce qu'elle n'est ici illusoire que par rapport à la réalité ultime (essentielle), sachant que celle-ci est ce que nous sommes vraiment, au-delà d'une simple incarnation. On peut utiliser la métaphore du rêve, lequel semble une illusion au réveil. À l'étage ultime, l'existence ordinaire dite réelle n'est plus qu'un rêve : l'illusion dualiste. On peut encore considérer que le rêve n'est qu'une illusion dans l'état de veille, et que la veille elle-même n'est qu'une illusion dans l'état d'éveil (au sens d'être éveillé).

Bien qu'un mur soit une illusion dualiste, il n'est pas indiqué de s'y jeter en voiture car les illusions dualistes peuvent endommager le corps de l'automobiliste et l'obliger à emmener sa voiture, ou du moins ce qu'il en reste, chez le garagiste. Il n'est vraiment pas besoin de réaliser une expérience aussi héroïquement stupide pour comprendre le type d'illusion à laquelle se réfère ce cahier. La notion d'« illusion dualiste » est un moyen habile permettant de détourner l'esprit des agréables certitudes qui le maintiennent dans le cycle des existences.

Intuition posée

Le terme « intuition posée » se réfère à une intuition qui se manifeste lorsque l'esprit est pacifié et ouvert. Pacifié, il est à l'abri des afflictions. Ouvert, il ne donne pas corps aux tendances égotiques. Il s'agit d'une intuition sans parti pris liée à une situation et non à une tendance égotique ou une affliction. C'est comme si la situation était elle-même à l'origine de l'intuition.

Méditation

Une méditation a ici le sens large d'un entraînement qui s'effectue dans l'intériorité, le plus possible hors de l'ego. L'attention habituellement dirigée vers l'extérieur se tourne vers l'intérieur. On peut méditer sur tous les phénomènes intérieurs ou extérieurs, sur l'esprit et même sur rien. Lorsqu'on observe l'intérieur en l'interrogeant au moyen de concepts on parle de méditation analytique, et quand l'observation s'effectue sans le support de concepts, il s'agit de méditation directe.

Certaines méditations, dites libératrices, permettent une libération définitive de la souffrance en éliminant totalement les voiles émotionnels et cognitifs (Cf. voiles). Elles nécessitent de s'établir dans la nature véritable de l'esprit.

Méthodes verticales et horizontales

Les méthodes horizontales gèrent les difficultés en regardant leurs antécédents temporels. Elles sont utilisées en psychologie. Leur avantage est la relative rapidité des résultats. Par contre les causes profondes des difficultés n'étant pas déracinées, celles-ci peuvent réapparaître ou subir une « mutation ».

Les méthodes verticales gèrent les difficultés en remontant jusqu'à leur essence. Elles sont utilisées dans les chemins de sagesse. Leur avantage est l'éradication réelle de la souffrance liée à la difficulté, sans risque de retour ni de mutation. Leur inconvénient est la lenteur des résultats.

Mode croyance et mode discernement

Lorsqu'on est fatigué ou paresseux, notre esprit se contente du « mode croyance », ce qui signifie que la réaction à une information est soit : « J'y crois », ou « Je n'y crois pas », ou encore « Je ne sais quoi en penser ». Soit nous croyons à l'information elle-même parce qu'elle entre dans nos habitudes de penser, ou parce que nous avons confiance en son auteur.

Très différent, le « mode discernement » limite la dépendance aux influences externes et internes. Il consiste à observer les faits réels en rapport avec l'information, et à y réfléchir dans un état mental paisible, à l'abri des afflictions, avec un esprit vaste et bienveillant.

Moi, ego, soi

Habituellement le terme « ego » est employé dans le sens de « surestimation du moi ». C'est quelque chose de surimposé au sujet pour le valoriser. Par exemple, dans l'expression : « J'ai acheté un château », « je » est le sujet, mais si le locuteur y met de l'orgueil ou de l'arrogance, le « je » deviendra un « ego ».

Dans ce cahier, le « moi » représente la conscience de soi, la conscience d'être un sujet. Le problème posé par ce « moi » est la croyance qu'il est une réalité permanente, qu'il est le même pendant toute la vie, qu'il représente l'identité de l'individu.

En plus de ce « moi » général, est introduit ici un « moi »

partiel qui n'est valide que dans un domaine particulier de l'existence. Dans cette acception, on peut parler de « moi » professionnel, familial, sentimental, amical, etc. où telle affliction est mise en valeur et telle autre en veilleuse. Par exemple une personne peut être affublée d'orgueil dans sa vie professionnelle et être à l'écoute dans sa vie familiale. On dit alors qu'il n'est pas le même chez lui et au travail.

Le moi « professionnel » par exemple est un « moi » partiel comprenant son théâtre, c'est-à-dire une mise en scène particulière avec des personnages (y compris soi-même) au rôle spécifique, et un assortiment d'afflictions mises en valeur par l'environnement professionnel, comme la rivalité, l'orgueil, la jalousie...

Le sens général et le sens partiel sont monnaie courante pour l'esprit dualiste.

Mondain

Mondain signifie ici : « propre au samsara, douloureux, karmique et conceptuel », le samsara étant le cycle récurrent de la naissance, du vieillissement, de la maladie et de la mort. Les caractéristiques de l'état mondain sont la souffrance, l'impermanence, le conditionnement et l'aliénation continuelle par les pensées et les émotions. « Mondain » n'a pas ici le sens donné dans l'expression « vie mondaine » ou mondanité. L'opposé de mondain serait « libéré de la souffrance, du karma et des élaborations conceptuelles ». Le terme « désillusionné » conviendrait peut-être, ou bien « éveillé ».

Vue mondaine : vue de l'esprit dualiste, la vue que nous avons tous aussi longtemps que nous n'avons pas réalisé l'éveil.

Théâtre mondain : expérience de l'esprit dualiste, vie ordinaire en mode dualiste. Il est synonyme de société, mais il insiste sur l'aspect karmique, illusionné et conventionnel de la vie en société.

Sagesse

On confond souvent la sagesse mondaine, qui représente la « possession » de qualités communément jugées positives à une époque donnée dans l'existence dualiste, et la sagesse transcendante qui résulte de la transformation de l'esprit après libération des voiles. La sagesse mondaine peut alléger le karma si elle ne correspond pas qu'à une posture, tandis que la sagesse transcendante est libérée de son emprise. Dans ce cahier, le mot « sagesse » se réfère toujours à la « sagesse transcendante ». Le mot « connaissance transcendante » est utilisé dans un sens identique.

La sagesse n'étant pas fabriquée, elle n'appartient ni à la nature ni à la culture. Le chemin qui y conduit consiste à se libérer de toutes les élaborations pour retrouver sa nature véritable.

La sagesse est totale au moment de l'éveil. Il est possible de se mettre dans des conditions favorables à la réalisation de l'éveil, sachant qu'il ne peut être le résultat de conditions puisqu'il est en dehors de tout conditionnement.

Science de l'esprit

La « science de l'esprit » est l'ensemble des moyens mis en œuvre pour transformer l'esprit en sagesse transcendante. Il ne s'agit pas ici de l'esprit dans le sens qui lui est donné dans la psychologie, mais d'un phénomène beaucoup plus vaste qui contient tous les univers.

Cette science comporte des étapes conceptuelles plus ou moins développées selon le type de cheminement, suivies d'étapes de connaissance directe, les seules qui permettent de transformer la conscience ordinaire en sagesse.

Dans la science de l'esprit, il n'existe pas de « théorie » à la manière de la science mondaine, car on ne peut rien mesurer, ni mathématiser, ni observer par l'esprit sensoriel. On utilise parfois le mot « philosophie », bien que cette appellation soit restrictive et génératrice de confusion. Dans le cadre d'un chemin de sagesse, il existe bien une sorte de philosophie, mais elle s'adresse à l'intellect de pratiquants dans le seul but d'amorcer un travail intérieur non-conceptuel plus profond.

La science de l'esprit est d'abord une étude intérieure, guidée ou non par des concepts au début, puis elle dépasse les concepts, la notion d'intérieur et d'extérieur, d'un et de multiple, pour atteindre l'universel.

Sciences mondaines

Ce qui est communément appelé « science » prend ici le nom de « science mondaine » pour la différencier de la science de l'esprit tournée vers l'éveil.

Les sciences mondaines sont un habile échantillonnage d'expériences, augmenté d'un ensemble de théories qui varient au cours du temps, se déprécient, se complètent ou se précisent suivant les besoins, les trouvailles des chercheurs, l'état d'esprit du moment, les avancées technologiques de l'appareillage, etc. Pour certains adeptes, la science mondaine a pour but de concevoir une théorie qui permettra un jour de comprendre totalement le monde en une seule formule. Selon eux, il y aurait de moins en moins de points obscurs jusqu'à leur extinction totale. Le problème est qu'une formule, aussi jolie et utile soit-elle, ne permet aucune transformation intérieure. Pour d'autres, la science sera toujours incomplète de par son fonctionnement en mode dualiste.

Dans la science, la théorie devient une espèce de scénario conceptuel mis en parallèle avec les expérimentations. Sommairement, il y aurait le monde des mesures (expérimentales), le monde de la formulation mathématique, le monde de la théorie, en plus du monde de la perception nue (ce que voit l'être humain sans l'aide de la technologie). Tous ces mondes donneraient des aperçus d'une réalité qui, si elle existe, a une fâcheuse tendance à échapper aux tentatives de capture.

Contrairement à la science de l'esprit, la science mondaine étudie l'extérieur (espace, corps, matière, ondes…) à grand renfort de conceptualisation. Cette attitude permet de connaître les coulisses de la manifestation et de la vie sans en connaître l'essence. Elle ne peut atteindre l'universel et n'a aucun effet libérateur. Ce n'est d'ailleurs pas son but.

Une autre différence avec la science de l'esprit, concerne son aspect utilitaire, sa familiarité avec la technique et sa faculté d'accumulation de savoir conceptuel.

Solidification

Lorsqu'une pensée est répétée, elle se consolide c'est-à-dire qu'elle se renforce et qu'il faut de plus en plus d'énergie pour se libérer de son emprise. Cette propriété, très positive dans l'apprentissage, peut également être nuisible. La répétition d'une pensée de colère par exemple, rendra la colère de plus en plus difficile à maîtriser. La publicité répétitive utilise la même propriété de solidification pour influencer le choix des individus dans l'achat de produits.

La solidification d'une pensée erronée constitue une grande difficulté sur un chemin de sagesse. L'éducation est donc importante et ne devrait pas être exclusivement mondaine mais laisser une lucarne ouverte sur la verticalité.

A chaque pensée correspond un penseur (une conscience). Lors de la solidification, tout ce passe comme si l'espace mental se rétrécissait, que l'esprit devenait moins capable d'adaptation. Une intellectualité excessive sclérose l'esprit lorsqu'il n'y a pas assez de recul par rapport aux concepts.

Sphère sensorielle (et motrice)

La sphère sensorielle réalise l'interface avec l'extérieur. Elle comprend le système sensoriel (les cinq sens) et les organes d'action, c'est-à-dire tout ce qui permet le mouvement dans le monde extérieur. On peut y ajouter la conceptualisation de base qui y est associée.

Tétralemme

Dans la logique ordinaire, lorsqu'une proposition est vraie, la proposition contraire est fausse. Dans le tétralemme, quatre propositions sont possibles qui sont toutes vraies.

Ce cahier utilise le tétralemme pour parvenir à la conviction qu'on ne peut rien dire sur une proposition. Bien qu'il ne soit pas libérateur à lui seul du mal-être, il peut produire une expérience mentale qui prépare aux méditations libératrices. On peut considérer qu'il commence à délier les nœuds qui font obstacle à la vision directe de la nature des choses. Certaines personnes, trop inféodées aux concepts, ont besoin de cette étape avant de passer aux méditations directes.

Dans la logique ordinaire, il n'y a que deux propositions, par exemple : « le moi existe » et « le moi n'existe pas ». L'une est vraie et l'autre fausse.

Dans la technique du tétralemme, il y a quatre propositions qui doivent être acceptées par l'intuition :

(1) le moi existe,
(2) le moi n'existe pas,
(3) le moi existe et n'existe pas,
(4) ni le moi existe ni il n'existe pas.

On examine chaque proposition une par une en utilisant

l'intuition, jusqu'à la conviction que chacune d'elle est vraie. À l'issue du tétralemme, il faut être sûr que les quatre propositions sont vraies toutes ensemble.

On pourrait croire qu'il suffit de penser qu'une proposition est vraie dans certaines circonstances tandis que son contraire convient dans d'autres. On pourrait par exemple considérer que le « moi » existe dans le quotidien, mais qu'il n'existe pas à l'issue d'une analyse profonde et encore moins dans l'observation directe méditative, et qu'en fait il n'a pas d'essence. Cette façon de procéder n'éliminerait pas les afflictions ni le mal-être résultant de la croyance au « moi ». Par contre, le tétralemme réduit cette croyance, car la notion même de « moi » y perdant toute pertinence, on sera moins poussé par la réaction « moi je », ou bien celle-ci sera moins arrogante. Si on se contente de constater que le « moi » existe dans le quotidien mais qu'il n'a pas d'essence, le « moi » sera inconsciemment considéré comme existant dans le quotidien, et son arrogance ne sera pas réduite. Par contre, si on a examiné le « moi » par la technique du tétralemme, on supposera le « moi » comme existant dans la vie quotidienne, mais tout se passera comme s'il y avait en toile de fond la connaissance que ce moi n'existe pas, ce qui atténuera les effets dus à la croyance au moi. On peut illustrer cette idée de simultanéité d'une opinion et de son contraire en observant notre attitude devant un film : si on y voit commettre un meurtre, on sera moins horrifié que dans la vraie vie, puisqu'en toile de fond, on sait que le meurtre est faux. Cette illustration doit être prise pour ce qu'elle est et non comme explication du tétralemme lui-même.

Transcendance

Dans ce cahier, la transcendance indique ce qui est au-delà des dualités sujet-objet, intérieur-extérieur, un-multiple, etc. Elle est par conséquent au-delà de l'ego, des pensées, des concepts, des émotions perturbatrices, du karma, des voiles émotionnels et cognitifs. Il n'y a donc aucune raison de la considérer comme quelque chose de bizarre, de hors d'atteinte, de farfelu, etc.

Vacuité

La notion de vacuité est fondamentale dans le bouddhisme du grand véhicule puisque la méditation sur la vacuité des phénomènes et du soi est la méthode utilisée pour se libérer des voiles. La méditation sur la vacuité du soi permet de se libérer des voiles émotionnels et celle qui se rapporte aux phénomènes affranchit des voiles cognitifs. La vacuité est l'absence d'existence propre. La vacuité d'un phénomène exprime le fait qu'il n'existe qu'en dépendance de causes et de conditions. Ce concept est complémentaire de celui d'interdépendance. La vacuité est souvent considérée comme un synonyme de vide, alors qu'elle n'est qu'une absence d'existence propre, de substance, mais qu'elle n'est pas vide de clarté par exemple.

Vérité et vérité de chemin

Dans ce cahier, on appelle « vérité » une vue qui permet de réaliser l'éveil. Il s'agit d'un concept pratique et non idéologique. On pourra par exemple dire à certaines personnes que la matière n'existe pas et à d'autres qu'elle existe, en choisissant l'information la plus adaptée à leur mental.

La « vérité de chemin » est l'ensemble des concepts qui permettent d'aider au cheminement vers la sagesse. Elle est temporaire, propre à chaque chemin, et abandonnée une fois la sagesse atteinte. On peut comparer la vérité de chemin à une carte : celle-ci rend service aussi longtemps que l'on est pas arrivé à destination, mais ensuite elle devient inutile.

Voiles

Dans le bouddhisme, le voile émotionnel est lié à une saisie erronée de la personne, qui consiste à admettre la réalité du « soi ». Il comprend également toutes les passions nées de cette illusion, c'est-à-dire ce qui fait souffrir. Le voile cognitif est lié à une saisie erronée des phénomènes, qui consiste à admettre leur réalité. Il est constitué de pensées et d'émotions qui ne sont pas conscientes de leur véritable nature de vacuité. Le voile cognitif subtil, constitué des tendances habituelles, est lié aux empreintes karmiques du continuum de conscience. Il existe également le voile du karma, créé par les cinq crimes à rétribution immédiate.

Sources

Hommage et remerciements à tous les auteurs qui m'ont permis d'écrire ce cahier, à ceux dont le nom figure dans la biographie ci-dessous et en particulier à Mipham Chökyi Lodrö.

Bokar Rimpoché : *La méditation*
Chögyam Trungpa : *L'entraînement de l'esprit, Bardo*
Dakpo Tashi Namgyal : *Rayons de lune*
Gampopa Seunam Rinchen : *Le précieux ornement de la libération*
Jamgon Kongtrul : *La nature de Bouddha*
Jigmé Rinpoché : *La nature de Bouddha, Un chemin de sagesse.*
Kalou Rinpoché : *Bouddhisme profond*
Kunzang Palden : *Perles d'ambroisie*
Lama Darjeeling Rinpoché : *Changer d'univers*
Lama Guendune Rinpoché : *Mahamoudra*

Nagarjuna : *Traité du milieu, Lettre à un ami (*commentaires de Kangyour Rinpoché)

Patrul Rinpoché : *Le chemin de la grande perfection*

Philippe Cornu : *Dictionnaire encyclopédique du bouddhisme*

Shamar Rinpoché (Mipham Chökyi Lodrö) : *Au cœur de la méditation bouddhique, Au cœur de la sagesse, La reine de prières, Les deux visages de l'esprit, Lo Djong la voie vers l'éveil, Un chemin de pratique, Donner vie à l'entraînement de l'esprit.*

Soûtras :
- *Soûtra du cœur de la connaissance transcendante, Soûtra de la connaissance transcendante, Soûtra du riz en herbe*, etc.
- *Soûtra du dévoilement du sens profond* (Traduction Philippe Cornu),
- *Soûtra du diamant, Soûtra du cœur de la connaissance, Soûtra de la Pousse de riz* (Traduction du tibétain par Philippe Cornu)]
- *Soûtra du filet de Brahmâ* (Traduction Patrick Carré), *Trois soûtras et un traité sur le Terre Pure* (Traduction Jean Eracle)

Tènzin Wangyal Rinpoché : *L'éveil de l'esprit lumineux, L'éveil du corps sacré, La véritable source de la guérison.*

Tsélé Natsok Tangdröl : *Le miroir qui rappelle et clarifie le sens général des bardos*

Tulku Thondup : *L'infini pouvoir de guérison de l'esprit, Une source inépuisable de paix et de guérison.*

Aux lecteurs

J'espère que la lecture de ce cahier fut pour vous un exercice bénéfique, et que désormais vous penserez à la sagesse en vous brossant les dents le matin et le soir, et plus souvent si affinité.

Pour me contacter, il suffit d'écrire un courriel à l'adresse :
« syenten@mail.fr »
ou d'aller sur le blog :
« https://syenten.blog/ ».
Je vous répondrai dès que possible.

Syénten 2021